James Brandus

Über den Niessbrauch an Inhaber-Papieren mit Prämien

James Brandus

Über den Niessbrauch an Inhaber-Papieren mit Prämien

ISBN/EAN: 9783743489301

Hergestellt in Europa, USA, Kanada, Australien, Japan

Cover: Foto ©Suzi / pixelio.de

Manufactured and distributed by brebook publishing software (www.brebook.com)

James Brandus

Über den Niessbrauch an Inhaber-Papieren mit Prämien

Ueber den Niessbrauch

an

Inhaber-Papieren mit Prämien.

Inaugural-Dissertation

zur

Erlangung der juristischen Doctorwürde

der juristischen Facultät der Georg-Augusts-Universität

zu Göttingen

vorgelegt von

James Brandus,

Gerichts-Referendar in Magdeburg-Buckau.

Göttingen,
Druck der Univ.-Buchdruckerei von W. Fr. Kaestner.
1891.

Seiner theuren Mutter

in Liebe und Verehrung

gewidmet

vom Verfasser.

Vorbemerkung.

Eine zusammenhängende Darstellung des „Niessbrauchs an Inhaberpapieren mit Prämien" existirt bisher meines Wissens nicht. Hanausek widmet in seiner Schrift „die Lehre vom uneigentlichen Niessbrauch" dem Niessbrauch an Ordre- und Inhaberpapieren einen besonderen Paragraphen und berührt hierbei auch (S. 140) den Niessbrauch an Loosen; ferner geben Dernburg (preuss. Privatr. I. S. 728 N. 7), der wohl zuerst auf die in erster Linie bei diesem Rechtsverhältnis aufzuwerfende Frage (siehe § 1) aufmerksam gemacht hat, Brunner (in Endemann's Handbuch II. S. 209), Förster-Eccius (III. S. 345), Koch (Comment. z. A.L.R. Bd. II. S. 935 N. 36), Stammler (der Niessbrauch an Forderungen S. 139) u. A. schätzenswerthe Fingerzeige; desgleichen ist dies in der ausländischen Literatur der Fall bei Galluppi (dei titoli al portatore p. 183), Buchère (Traité théorique et pratique des valeurs mobilières et effets publics (p. 206), Folleville (Traité de la possession des meubles et des titres au porteur p. 472). Die Schriften einiger anderen französischen Schriftsteller, die gleichfalls einschlägige Fragen erörtern, wie ich aus Citaten der angeführten Werke ersah, wie z. B. Dreyfous „de la tradition et des titres au porteur etc.", waren mir leider trotz eifriger

Bemühungen nicht zugänglich; ich kann daher den Letztgenannten nur aus dritter Hand citiren. Von Entscheidungen höherer deutscher Gerichtshöfe lag mir nur vor eine in „Neues Archiv für preuss. Recht und Verfahren etc." Bd. X. S. 133 ff. abgedruckte Entscheidung des Geh. Ob.-Trib. (nebst den Entsch. der ersten Instanzen), welche aber die Cardinalfrage unerörtert lässt.

Verzeichniss der abgekürzt citirten Schriftsteller.

Arndts, Lehrb. der Pand. 13. Aufl. 1886.
Bender, der Verkehr mit Staatspapieren etc. 2. Aufl. 1830.
Brunner, die Werthpapiere: in Endemann's Handb. des Handelsr. Bd. 2. 1884.
Buchère, Traité des valeurs mobilières etc. 1869.
Bürkel, Beiträge zur Lehre vom Niessbrauch. 1864.
Cohn, Georg, „die Lotterie- und Ausspielgeschäfte";
    Ders. „die Creditgeschäfte" in Endemann's Handb. Bd. 3. 1885.
Dernburg, Preuss. Privatr. Bd. I. 4. Aufl. 1884.
— Pandekten. Bd. I. 2. Aufl. 1888.
Endemann, Wilh., das deutsche Handelsr. 4. Aufl. 1887.
Folleville, Traité de la possession des meubles et des titres au porteur. 2me ed. 1875.
Förster-Eccius, Theorie und Praxis des heut. gem. preuss. Privatr. Bd. III. 5. Aufl. 1887.
Galluppi, dei titoli al portatore. 1875.
Gareis, das deutsche Handelsr. 3. Aufl. 1888.
Glück, Erläut. der Pand. Bd. 9. 1808.
Goldschmidt, System des Handelsr. i. Grundriss. 3. Aufl. 1891.
— Handb. des Handelsr. 2. Bd. 2. Aufl. 1883.
Gönner, von den Staatsschulden etc. 1. Abth. 1826.
Göppert, üb. die organischen Erzeugnisse. 1869.

Hanausek, die Lehre v. uneigentl. Niessbrauch. 1879.
Heimbach, die Lehre v. d. Frucht etc. 1843.
Kuntze, die Lehre v. d. Inhaberpapieren. 1857.
Mansbach, der Niessbrauch an Forderungen. 1880.
Mayer-Rothschild, Handb. der Handelswiss. 3. Aufl. 1884.
Mühlenbruch, die Lehre v. d. Cession der Forderungsrechte. 3. Aufl. 1836.
Rau, Grundsätze der Finanzwissensch. 2. Abth. 5. Aufl. 1865.
Saling, Börsenpapiere. I. Th. 2. Aufl. 1871 u. 5. Aufl. 1887. [Die Citate beziehen sich, wenn nichts Besonderes angegeben, auf die 5. Aufl.].
Stammler, der Niessbrauch an Forderungen. 1880.
Stobbe, Handb. des dtsch. Privatr. Bd. III. 2. Aufl. 1885.
Thöl, das Handelsr. Bd. I. 6. Aufl. 1879.
Unger, die rechtl. Natur der Inhaberpap. 1857.
Windscheid, Pand. Bd. I. 3. Aufl. 1873 u. 6. Aufl. 1887.
— Pand. Bd. II. 5. Aufl. 1882.
[Die Citate beziehen sich, wenn nichts Anderes angegeben, auf Bd. I. 6. Aufl.].

Inhaltsübersicht.

Seite

Einleitung. § 1 1

I. Theil.
Begriff und Wesen der Inhaberpapiere mit Prämien. § 2 . . 2

II. Theil.
Juristische Natur des Niessbrauchs an solchen Papieren.
1. Liegt Sachen- oder Forderungsniessbrauch vor? § 3   11
2. Liegt verus oder quasi ususfructus vor? § 4 . . . 17

III. Theil.
Die im Einzelnen sich ergebenden Rechtsverhältnisse.
1. Die Entstehung des Niessbrauchs. § 5 21
2. Die Rechtsverhältnisse durante usufructu.
   a. Die rechtliche Stellung des Niessbrauchers.
      α. Seine Rechte. § 6 23
          Insbesondere sein Recht am Prämiengewinn.
          § 6a 32
      β. Seine Pflichten. § 7 41
   b. Rechtliche Stellung des Proprietars und des Emittenten des Papiers. § 8 46
3. Die Endigung des Niessbrauchs. § 9 48

§ 1.

Eine im heutigen Börsenverkehr häufig vorkommende Art der Inhaberpapiere sind die sog. Inhaberpapiere mit Prämien, d. h. — um den Begriff derselben vorläufig unter Vorbehalt weiterer Ausführung zu skizziren — solche Inhaberpapiere, in denen ausser der für jeden Fall versprochenen Leistung eine vom Eintreffen eines zufälligen Umstandes abhängig gemachte besondere Vergütung, eine Prämie, zugesagt wird. Ist ein solches Papier Gegenstand eines Niessbrauchs, so ergeben sich aus diesem Rechtsverhältniss manche Fragen, deren Beantwortung nicht ohne eingehende Erörterungen möglich ist, so z. B. die wohl besonders interessirende Frage, wem die möglicherweise fällig werdende Prämie zufällt, dem Niessbraucher oder dem Eigenthümer des Papiers.

Eine zusammenhängende Darstellung der Rechtsverhältnisse, die sich bei einem Niessbrauch an Inhaberpapieren mit Prämien ergeben, existirt bisher — wie bereits in der Vorbemerkung gesagt — meines Wissens nicht, nur der soeben schon berührte Punkt, betreffend das Schicksal der Prämie, ist verschiedentlich erörtert worden, indess ohne dass man sagen kann, es habe sich eine sog. „herrschende Ansicht" entwickelt. Es wird daher die vornehmlichste Aufgabe der folgenden

Abhandlung sein, bezüglich dieser Controverse Stellung zu nehmen. Natürlich würde das vorliegende Thema hierdurch allein bei Weitem nicht erschöpft werden, auch die übrigen dem Niessbrauch an Inhaberpapieren mit Prämien ein besonderes charakteristisches Gepräge verleihenden Rechtsverhältnisse werden besprochen werden und des Zusammenhangs wegen auch solche Fragen erörtert werden müssen, die sich an den Niessbrauch an Inhaberpapieren im Allgemeinen anknüpfen.

Um nun eine Grundlage für die zu behandelnden Punkte zu gewinnen, muss man sich zunächst über den Begriff und das Wesen der Inhaberpapiere mit Prämien klar werden. Es dürfte daher angebracht sein, zu diesem Behufe in einem ersten Abschnitte die Inhaberpapiere mit Prämien einer näheren Betrachtung zu unterziehen. Sodann wird ein folgender Theil die juristische Natur des Niessbrauchs an solchen Papieren behandeln, woran sich weiter die Besprechung der sich im Einzelnen ergebenden concreten Rechtsverhältnisse anschliessen wird.

§ 2.

Will man zu einem genauen Verständniss des Wesens der Inhaberpapiere mit Prämien gelangen, so ist es erforderlich, von der Begriffsbestimmung der „Inhaberpapiere"[1] einerseits und derjenigen der „Prämie" andererseits auszugehen.

Ein „Werthpapier ist eine Urkunde über ein Privatrecht, dessen Verwerthung durch die Innehabung der Urkunde privatrechtlich bedingt ist"[2]. Die Werthpapiere sind entweder schlichte Namenpapiere oder Ordrepapiere oder Inhaberpapiere, je nach dem Wortlaut des Papiers. Sie sind Inhaberpapiere, „wenn laut

---

1) Ich schliesse mich dabei eng an Brunner an.
2) Brunner S. 147.

der Urkunde die Geltendmachung des verbrieften Rechtes . . . dem Inhaber als solchem zustehen soll"[1]).

Die Inhaberpapiere ihrerseits zerfallen wieder[2]), wie die Werthpapiere überhaupt,
1) in solche, in denen ein Forderungsrecht verbrieft ist,
2) in Urkunden über ein corporatives Vermögensrecht (z. B. die Inhaberaktie),
3) in Urkunden über ein Sachenrecht (z. B. die älteren Pfandbriefe und Grundrentenbriefe).

Die ad 1 angeführten Forderungspapiere sind entweder Geldpapiere, wenn sie die Zahlung einer Summe Geldes zum Inhalte haben, oder Papiere, die eine Forderung auf Leistung anderer Art verbriefen, z. B. die (bei uns allerdings nicht üblichen) Connossemente auf Inhaber, sowie die Billets und Marken des täglichen Verkehrs.

Zu dem Begriff eines Inhaberpapiers mit Prämie kommen wir, wenn wir die einzelnen Arten der Inhaberpapiere — soweit es möglich ist — mit dem Begriff der Prämie combiniren. Prämie[3]) ist sowohl im juristischen Sinne, sowie nach dem gewöhnlichen Sprachgebrauche, soviel als Preis, Belohnung, Vortheil etc. Besonders hat sich das Handelsrecht des Wortes zur Bezeichnung verschiedener Begriffe bemächtigt, die allerdings stets auf der Grundbedeutung fussen: so giebt es z. B. eine Versicherungsprämie, eine Bodmereiprämie, eine Prämie beim sog. Prämiengeschäft, eine Heuerprämie beim sog. Heuer- oder Promessengeschäft und endlich auch die Prämie bei den Inhaberpapieren mit Prämien, in diesem Fall soviel bedeutend wie Gewinn. Ein Inhaberpapier mit Prämie ist also ein Papier, in

---
1) Brunner S. 152.
2) Ders. S. 201.
3) s. Gareis in v. Holtzendorff's Rechts-Lexik. III. S. 120.

welchem dem jeweiligen Inhaber ausser der Geltendmachung des verbrieften Rechtes noch ein von irgend welchen zufälligen Umständen, z. B. von einer Ausloosung, abhängig gemachter Gewinn zugestanden wird. An sich wäre es nun denkbar, dass diese Combination bei den meisten Inhaberpapieren vorgenommen werden könnte: es wäre z. B. möglich, dass in den Statuten eines Aktienvereins die Bestimmung getroffen würde, von dem zur Vertheilung unter die Aktionäre bestimmten Reinertrage solle zunächst nur ein Bruchtheil, sagen wir $^3/_4$, gleichmässig vertheilt werden, während das restirende Viertel dazu zu verwenden sei, Gewinne von verschiedener Höhe zu bilden, welche einzelnen, durch das Loos festzustellenden Aktieninhabern zufallen. Ferner lässt sich der Fall denken, dass allen Besuchern einer Theatervorstellung auf Grund ihrer Eintrittsbillets die Theilnahme an einer Verloosung gewährt würde. Endlich wäre hierher auch ein Loos der gewöhnlichen Klassen- oder Zahlenlotterien zu rechnen [1]).

Allein die Wissenschaft [2]) sowohl wie die Gesetzgebung [3]) fassen den Begriff der Inhaberpapiere mit Prämien enger und verstehen darunter nur „auf den Inhaber lautende Schuldverschreibungen, in welchen allen Gläubigern oder einem Theil derselben ausser der Zahlung der verschriebenen Geldsumme eine Prämie dergestalt zugesichert wird, dass durch Ausloosung oder durch eine andere auf den Zufall gestellte Art der Ermittelung die zu prämiirenden Schuldverschreibungen und die Höhe der ihnen zufallenden Prämie bestimmt werden sollen".

---

1) vgl. hierüber unten S. 9 ff.
2) vgl. z. B. Brunner S. 203; Goldschmidt Grundriss S. 186; Kuntze S. 490.
3) Reichsgesetz, betr. die Inhaberpapiere mit Prämien, vom 8. Juni 1871.

Dieselben werden auch Prämienscheine, Prämien, papiere, Anlehnsloose oder schlechtweg Loose genannt. Sie werden ausgegeben als „Partialobligationen" bei der Aufnahme sog. Lotterieanleihen oder Prämienanleihen (emprunts à lot)[1]), d. h. Anleihen, die sich charakterisiren als eine Verbindung[2]) von Darlehn und Lotteriegeschäft. Es wird sich meist um eine „öffentliche" Anleihe handeln, d. h. eine Anleihe, behufs deren Zustandekommen man sich an einen unbestimmten Personenkreis wendet[3]).

Das Wesen der Lotterieanleihe besteht nun darin, dass dem Gläubiger für sein dargeliehenes Capital gar kein Zins oder doch nur ein im Verhältniss zum landesüblichen Zinsfuss niedriger Zins gezahlt wird, während die auf diese Weise vom Emittenten gesparten Zinsen und Zinseszinsen oder auch nur der grössere Theil derselben (indem er den Rest lucrirt[4])) dazu verwendet werden, für einzelne der durch Ausloosung zu ermittelnden Prämienscheine Gewinne von verschiedener, im Voraus durch den Verloosungsplan bestimmten Höhe zu bilden. Nach demselben Verloosungsplan wird ausser diesen mit einem Gewinne bedachten Loosen alljährlich noch eine Anzahl anderer Loose gezogen, die zum Nominalwerth[5]) oder auch zu einem den-

---

1) Denkbar sind die Partialobligationen auch als Namenpapiere, kommen als solche aber thatsächlich selten vor.

2) s. Gareis, S. 563; Cohn bei Endemann II. S. 44; Thöl I. S. 1028.

3) s. Goldschmidt, Grundriss S. 184. Der Begriff „öffentliche Anleihe" deckt sich nicht mit dem Begriff „staatliche Anleihe": eine öffentliche Anleihe einerseits kann auch von anderen juristischen Personen, ja selbst von Privaten, contrahirt werden, während umgekehrt eine staatliche Anleihe auch auf privatem Wege zu Stande kommen kann. Cohn S. 859.

4) Bei einer solide fundirten Prämienanleihe darf dies freilich nicht vorkommen.

5) Endemann, Handelsr. S. 584, nimmt an, dass die Niete stets

selben um Etwas übersteigenden Betrage (indem der Ueberschuss an Stelle von Zinsen fungirt[1])), d. h. mit der „Niete" eingelöst werden. Auf diese Weise wird zugleich die Anleihe nach der im Plane vorgesehenen Reihe von Jahren getilgt, amortisirt[2]). Bei vielen Prämienanleihen sind die einzelnen Partialobligationen, die Loose, in Serien zusammengefügt; es erfolgt dann zuerst die Ausloosung der Serie, danach werden in den gezogenen Serien — abermals durch das Loos — die einzelnen Nummern bestimmt, denen die Gewinne zufallen. In der Regel werden die übrigen Nummern der in der Serienziehung gezogenen Serien mit der Niete oder dem sog. niedrigsten Einlösungsbetrage eingelöst. Bei manchen Loospapieren, z. B. bei den russischen 5% Präm. Anl. v. 1864 und 1866, laufen die Prämienziehungen und sog. Amortisationsziehungen parallel neben einander her. An den Prämienziehungen nehmen sämmtliche Loose, auch wenn sie schon einmal einen Treffer erzielt hatten, so lange Theil, bis sie in einer Amortisationsziehung gezogen werden. Es ist auf diese Weise also möglich, dass ein Loos mehrmals einen Gewinn auf sich ziehen kann[3]).

Wie schon oben angeführt, giebt es verzinsliche

---

ausser dem eingezahlten Capitalwerth eine — wenn auch geringe — Zinsvergütung enthalte; aus einem mir vorliegenden Verzeichniss von Prämienpapieren ist aber zu entnehmen, dass bei einigen derselben — selbst bei unverzinslichen — die Niete nur gleich dem Nominalwerth ist, z. B. bei den Bukarester 20 fr.-Loosen von 1869, bei den Mailänder 10 Lire-Loosen von 1866 etc. Auch stimmt damit Bender überein, wenn er (auf S. 520) sagt: „... während hier (d. i. bei den Prämienpapieren) im ungünstigsten Fall der Verlust blos in den Zinsen ... besteht."

1) s. unten S. 32.
2) Amortisation in diesem Sinne ist nicht zu verwechseln mit der Amortisation oder Mortification abhanden gekommener Werthpapiere. Kuntze S. 712.
3) vgl. unten S. 41.

und unverzinsliche Prämienpapiere; bei ersteren kann noch die Modification eintreten[1]), dass die Zinsen nicht alljährlich oder halbjährlich etc. bezahlt werden, sondern dass dieselben (ohne Zinseszinsen) erst bei der Amortisation zugleich mit dem Einlösungsbetrage und dem eventuell erloosten Gewinne, also zu einem vorerst noch ungewissen Zeitpunkt fällig werden[2]), so z. B. die Congo 5%, 100 fr.-Loose von 1888 und die Freiburger 3% 50 fr.-Loose von 1887.

Wir müssen an dieser Stelle bei der Besprechung der Lotterieanleihen nochmals auf die Bedeutung des Ausdrucks „Prämie" eingehen und zwar aus dem Grunde, weil derselbe in der einschlägigen Literatur in verschiedener Bedeutung gebraucht wird. Nach Goldschmidt[3]), Cohn[4]), Thöl[5]) und Gareis[6]) ist „Prämie" nur der wirkliche Gewinn, d. h. der Ueberschuss über den Nominalbetrag, während Rau[7]), Saling[8]), Mayer-Rothschild[9]) (Ersterer allerdings die Mangelhaftigkeit der Bezeichnung zugebend) den ganzen zur Auszahlung kommenden Betrag, also Gewinn und Nominalbetrag zusammen, „Prämie" nennen. In der folgenden Abhandlung soll „Prämie" stets in der ersten Bedeutung gebraucht werden schon aus dem äusserlichen Grunde, weil in Ansehung der bereits in der Einleitung aufgeworfenen Frage Nominalbetrag und Prämie (d. i. also Gewinn) — nach einer in dieser Arbeit allerdings

---

1) s. unten S. 51 ff.
2) vgl. auch Rau S. 380 u. 382 sub c; Bender S. 23; Gönner S. 94.
3) Goldschmidt, Grundriss, S. 185.
4) Cohn S. 877.
5) Thöl S. 1028.
6) Gareis S. 563.
7) Rau S. 380.
8) Saling (5. Aufl.) S. 268.
9) Mayer-Rothschild, Handbuch der Handelswiss. 3. Aufl. 1884. S. 548.

nicht vertretenen Ansicht — verschiedene Schicksale haben können¹).

Zur Begrenzung des Begriffs der „Inhaberpapiere mit Prämien" müssen noch nach zwei Seiten hin Schranken gezogen werden, um dieselben von ähnlichen Inhaberpapieren, bei denen gleichfalls die alea eine Rolle spielt, zu scheiden. Einmal dürfen sie nicht für identisch erachtet werden mit den auf Inhaber lautenden Partialobligationen der sog. „verloosbaren Anleihen"²), d. h. solchen Anleihen, deren Tilgung im Wege der Ausloosung erfolgt, wobei jedoch die Rückzahlungssumme für die einzelnen Obligationen eine gleiche ist, nämlich in der Regel der Nominalwerth, die Ungewissheit also nur bezüglich des Zeitpunktes der Ausloosung besteht. Auch hierbei kann zu dem Nominalwerth möglicherweise noch ein Zuschlag, sog. Amortisationszuschlag (auch wohl „Prämie" genannt³)), hinzutreten. Da aber dieser eventuelle Zuschlag für alle Papiere ein gleicher ist, so besteht der Unterschied dieser Papiere von den Prämienpapieren darin, dass ihnen „das für die Natur des Lotteriespiels entscheidende Moment der Ungewissheit der Höhe des auf den einzelnen Inhaber fallenden Gewinns"⁴) fehlt⁵).

---

1) s. unten § 6a.
2) Cosack, Lehrbuch des Handelsr. 1888. S. 210; Cohn S. 876; Saling S. 212 u. 268.
3) Goldschmidt, Grundriss S. 184 „mit 105, 110 etc. ausloosbar, rückzahlbar".
4) s. Motive zum Gesetzentwurf, betr. die Inhaberpapiere mit Prämien, Nr. 33 der Aktenstücke in Bd. III S. 103 der Sten. Ber. über die Verhandlungen des dtsch. Reichstags I. Session 1. Legislaturperiode 1871.
5) Cohn, S. 877, will aus den Worten Thöl's (S. 1028): „Die Prämienanleihe bezeichnet einen Vertrag des Inhalts, dass ausser der Rückzahlung der dargeliehenen Geldsummen Prämien gezahlt werden sollen . . ." entnehmen, dass Thöl nicht den im Text aus-

Des Weiteren ist eine Unterscheidung zu machen zwischen unseren „Inhaberpapieren mit Prämien" und den gewöhnlichen Lotterieloosen der Klassen- und Zahlenlotterien. Die Letzteren sind allerdings auch meist Inhaberpapiere, und ihr Besitz giebt gleichfalls die Anwartschaft auf einen möglichen Gewinn. Aber erstens haben sie das äusserliche Unterscheidungsmoment, dass die vorzunehmende Ausloosung sich binnen kurzer Frist nach der Emission, z. B. in einem Jahre oder halben Jahre, abspielt, während sich bei den Prämienpapieren die Verloosung über eine längere Reihe von Jahren vertheilt (z. B. 25, 50, 100 Jahre). Ferner besteht ein Unterschied in dem juristischen Charakter des der Ausgabe der beiden Papiere zu Grunde liegenden Rechtsgeschäfts: der gewöhnliche Lotterievertrag ist ein einfacher Vertrag, mag man ihn nun als emptio spei[1]) oder als Spielvertrag[2]) auffassen, während der Emittent einer Prämienanleihe ein combinirtes Geschäft abschliesst[3]), nämlich in erster Linie ein Darlehn aufnimmt und dies Geschäft verbindet mit der Veranstaltung einer Lotterie. Was der Nehmer eines Lotterielooses zahlt, ist ganz — mag man es nun als Kaufpreis der Gewinnchance oder als Spieleinsatz auffassen — ein Aequivalent für die Möglichkeit eines eintreffenden Gewinns, während der erste Nehmer eines Prämienpapiers ein Darlehn giebt — oder auch, wenn man so will, das Papier vom Emit-

---

geführten Unterschied zwischen der verloosbaren Anleihe und der Prämienanleihe mache; aber m. E. geht aus den folgenden Worten Thöl's: „Geldsummen . . ., welche durch eine vereinbarte Spielthätigkeit, z. B. Ausloosung, werden bestimmt werden" hervor, dass auch Thöl für die Prämienpapiere die Ungleichheit der Höhe der einzelnen Prämien für wesentlich erachtet.

1) Cohn S. 47 u. die dort. Cit.
2) So Windscheid II § 420 Ziff. 3; Fr. Endemann, Beiträge zur Geschichte der Lotterie und zum heut. Lotterierecht 1882, S. 94 ff. u. A.
3) s. oben S. 5.

tenten kauft¹) — in Gestalt des Emissionspreises, in welchem allerdings, aber ununterscheidbar, zugleich das Aequivalent für die Gewinnchance steckt²). Daraus folgt denn auch, dass bei der Ausloosung der Inhaber eines Prämienpapiers mindestens die ganze dafür gezahlte Summe mit oder ohne Verzinsung zurückerhält (falls er das Papier nicht etwa aus dritter Hand zu einem den Nominalwerth übersteigenden Course gekauft hat), wohingegen der Käufer eines Lotterielooses, falls sein Loos nicht gezogen wird, in der Regel Nichts zurückerstattet erhält³).

Eine gesetzliche Regelung haben die materiellen⁴) Verhältnisse der Prämienpapiere nicht erfahren; nur die Emissionsbefugniss, die man gemeinrechtlich nach der herrschenden Ansicht jeder natürlichen oder juristischen Person zugestehen musste⁵), sowie die freie Circulation auswärtiger Prämienpapiere sind durch das oben erwähnte Reichsgesetz „betr. die Inhaberpapiere mit Prämien" vom 8. Juni 1871 beschränkt.

Die obigen Ausführungen dürften Begriff, Wesen und Modificationen der Inhaberpapiere mit Prämien hinreichend gekennzeichnet haben, um als Unterlage für die folgenden Untersuchungen dienen zu können. In erster Linie soll der Niessbrauch an Inhaberpapieren mit Prämien dargestellt werden, wie er sich nach den Grundsätzen des gemeinen Rechts gestaltet, doch wird auch

---

1) Kuntze S. 559.
2) s. Cohn S. 877.
3) s. Bender S. 520; Cohn S. 877, Anm. 121; Saling S. 268.
4) In der mit der Berathung des Gesetzentwurfes, „betr. die Inhaberpapiere mit Prämien", betrauten Commission des Reichstags war allerdings der Vorschlag gemacht worden, Normativbestimmungen aufzustellen, denen sämmtliche im Inlande auszugebenden Inhaberpapiere mit Prämien zu entsprechen hätten; s. die Commissionsverhandlungen Aktenst. No. 95, Bd. III, S. 231 ff., Sten. Ber. I. Legislat.-Per. I. Session 1871.
5) Vgl. z. B. Brunner S. 198.

an einigen Stellen auf die Particulargesetzgebung eingegangen werden müssen. Die römischen Quellen können naturgemäss, da sie den Begriff der Inhaberpapiere überhaupt nicht kannten oder doch wenigstens nicht entwickelt hatten[1]), keinen directen Aufschluss über die Rechtsverhältnisse geben, denen diese Papiere unterliegen; wir müssen uns also begnügen, das Recht Justinians analog und daneben das gemeine Gewohnheitsrecht anzuwenden. Gegenstand der folgenden Untersuchungen soll zunächst die juristische Natur des an Inhaber-Papieren mit Prämien bestellten Niessbrauchs sein.

§ 3.

Um die juristische Natur des Niessbrauchs an Inhaberpapieren mit Prämien oder an Inhaberpapieren überhaupt zu kennzeichnen, bedarf es der Beantwortung zweier Fragen:

1) Charakterisirt sich dieser Niessbrauch als Niessbrauch an einer Sache oder als Niessbrauch an einer Forderung? Und im Fall der Entscheidung zu Gunsten der ersten Meinung:

2) Liegt ein verus oder quasi ususfructus vor?

Zur Beantwortung der ersten Frage ist es erforderlich, kurz auf das Verhältniss zwischen der im Papier verbrieften Forderung und dem Papier selbst einzugehen. Man darf bei den Inhaberpapieren — oder weiter bei den Scripturobligationen[2]) überhaupt — weder

---

1) Nach Brunner (S. 196) treten uns die Inhaberpapiere zuerst in langobardischen Urkunden aus dem 9. Jahrhundert entgegen; nach Goldschmidts neueren Untersuchungen dagegen finden sich schon im hellenistischen Recht des 2. Jahrhunderts v. Chr., sowie auch in Rom, wie aus einer Komödie des Plautus hervorgeht, Spuren derselben; s. Goldschmidt Grundriss S. 146, sowie ders. in d. Ztschr. der Savigny-Stiftung für Rechtsgeschichte Bd. 23, romanist. Abth. S. 357 ff. 380 ff.

2) Ueber die Incorrectheit dieser gebräuchlichen Bezeichnung s. Goldschmidt, Grundriss S. 146; Brunner S. 171.

das sachliche Moment allein ins Auge fassen, also in dem Papier nur eine Waare sehen wollen[1]), noch führt es zu einem befriedigenden Resultat, unter Vernachlässigung der Sacheigenschaft des Papiers nur den obligatorischen Charakter desselben einseitig zu betonen und dem Papier nur die Bedeutung einer — wenn auch mit besonderen Eigenschaften ausgestatteten — Beweisurkunde beizumessen[2]). Im ersten Fall ist nicht ersichtlich, was mit der Forderung während des sachlichen Umlaufs des Papiers vorgeht, ob sie vollständig ruht oder sich mit dem Papier identificirt[3]), während nach der zweiten Anschauung der Umstand keine Berücksichtigung findet, dass ohne das Papier die Forderung nicht geltend gemacht werden kann.

Am Entschiedensten hat zuerst Kuntze[4]) diese Einseitigkeiten zurückgewiesen und der dualistischen Theorie Bahn gebrochen, nach welcher das sachenrechtliche Element die Basis darstellt, auf die sich die obligatorische Berechtigung stützt. Kuntze sagt[5]): „Die Obligation findet Symbol und Ausdruck im Papier, das Papier ist zum Organ oder Vehikel der Obligation erhoben . . , die Obligation ist dem Papier einverleibt" [6]).

---

1) So z. B. Mühlenbruch S. 460; Bender S. 175. Noch weniger trifft die früher vielfach vertretene, jetzt aber wohl allgemein aufgegebene Ansicht zu, das Inhaberpapier sei Papiergeld, s. z. B. Souchay, im Arch. f. civ. Praxis X, S. 152 f.

2) So z. B. Gönner S. 171 ff.; Renaud in Ztschr. f. deutsches R. Bd. 14, S. 327 ff.; Thöl S. 674; Unger S. 85; Letzterer nennt die Ordre- und Inhaberpapiere die „Litteralcontracte des modernen Rechts", die Urkunde beweise und begründe das Forderungsrecht.

3) Kuntze S. 194; Fellner, die rechtl. Natur der Inhaber-Papiere 1888. S. 35.

4) Kuntze S. 266 ff.

5) Kuntze S. 277.

6) Von einer „Verkörperung der Obligation" hat zuerst Savigny (Obl.-R. II. S. 99) gesprochen. Kuntze S. 282 polemisirt gegen den Ausdruck „Verkörperung" und will dafür „Einverleibung" setzen,

Papier und Forderung sind zu einem einzigen Ganzen vereinigt dergestalt, dass sie sich zu einander verhalten „wie Inneres und Aeusseres"[1]). Das Papier ist Träger der Forderung, eine Auffassung, die auch dem Art. 307 H.G.B. zu Grunde liegt[2]); die im Papier verbriefte Forderung folgt den Schicksalen des Papiers, nicht umgekehrt das Papier der Forderung, wie Thöl[3]) auf Grund seiner Anschauung, dass das Papier nur Beweisurkunde sei, lehren musste[4]). So lange sich das Papier im Verkehr befindet, d. h. so lange nicht dem Schuldner, dem Emittenten, gegenüber die verbriefte Forderung geltend gemacht wird[5]), gilt es als Sache, der die einverleibte Forderung ihren Werth giebt, „wie ein kostbares Geschmeide dem umhüllenden Futteral"[6]), mit dem es zusammen übertragen wird. Eigenthums-

---

weil „Verkörperung" geeignet wäre, eine „zu materialistische Vorstellung anzuregen" und glauben zu machen, dass die Obligation vollkommen vom Papier absorbirt würde. Man kann sich aber wohl beide Ausdrücke oder auch andere gleichartige gefallen lassen, wofern man nur dabei festhält, dass man es lediglich mit einem juristischen Bilde zu thun hat, welches das bestehende Rechtsverhältniss veranschaulichen, nicht etwa einen neuen Rechtssatz aufstellen will (Fellner S. 38). Für die Statthaftigkeit des Ausdrucks „Verkörperung" spricht sich auch Goldschmidt an verschiedenen Orten aus, z. B. Grundriss S. 147, Hdb. II. S. 7; Brunner S. 143 verwirft den Gebrauch dieses juristischen Bildes, wie überhaupt den Gebrauch einer juristischen Bildersprache. Gegen ihn Gierke in Z. f. H.-R. Bd. 29, S. 255.

1) Gierke a. a. O. S. 256.
2) s. besonders Pappenheim, Begriff u. Arten der Papiere auf Inh. im Sinne des Art. 307 H.G.B., S. 37 ff.
3) Thöl S. 681 N. 4.
4) Vgl. Goldschmidt Z. f. H.R. Bd. 28, S. 65; Pappenheim a. a. O. S. 48; Fellner a. a. O. S. 43.
5) Auch Kuntze S. 532 weist auf den Unterschied der Behandlung hin, der man ein Inhaberpapier unterwerfen muss rücksichtlich der sich ergebenden Rechtsverhältnisse zwischen Emittenten und Inhaber einerseits und den successiven Inhabern andererseits.
6) Stobbe, deutsches Privatrecht, Bd. III. 2. Aufl. S. 204.

erwerb[1]) und — was uns hier besonders interessirt — Bestellung dinglicher Rechte u. s. w. sind den Sätzen des Sachenrechts unterworfen, Gegenstand eines eingeräumten Pfandrechts, eines eingeräumten Niessbrauchs bildet also nicht die Forderung, sondern das Papier selbst[2]).

Somit beantwortet sich die im Eingange dieses Paragraphen gestellte Frage dahin, dass der an einem Inhaberpapier bestellte Niessbrauch nach den Regeln über den Sachenniessbrauch zu beurtheilen ist, soweit es sich um das Verhältniss zwischen dem Besteller und dem Niessbraucher handelt, oder auch um das Verhältniss zwischen dem Niessbraucher und irgend einem Dritten[3]). Anderer Ansicht sind freilich die Motive zu dem Entwurf eines bürgerlichen Gesetzbuchs[4]). Nach ihnen bleibt der Niessbrauch an Inhaberpapieren „trotz der Verkörperung des Rechts in dem Papier ein Niessbrauch an einem Rechte und zwar an einem Forderungsrechte. Wollte man" — so fahren die Motive fort — „auf diesen Niessbrauch die Vorschriften über Niessbrauch an Sachen anwenden, so würde man Vorschriften anwendbar machen, welche wegen der thatsächlichen Verfügungsmacht des Inhabers

---

[1] H G.B. Art. 307.
[2] Kuntze S. 692; Brunner S. 208/209; Endemann S. 373; Stobbe Bd. III. S. 210; Förster-Eccius I. S. 371; Hanausek S. 136; Hasenöhrl, österr. Obligat.-R. Bd. II. S. 70; Hellwig, die Verpfändung und Pfändung von Forderungen etc. 1883. S. 78; Eberhard, die Verpfändung von Forderungen nach gem R. 1869. S. 22. Auch C.P.O. § 722 unterwirft die Werthpapiere den Grundsätzen über die Pfändung körperlicher Sachen, desgl. A.L.R. I. 20 § 286; das sächs. bürgerl. Ges.B. sagt sogar geradezu im § 1042: „Inhaberpapiere können Gegenstand des Pfandrechts, des Niessbrauchs und jeder Art von Forderungen sein, wie andere bewegliche Sachen".
[3] Vgl. Hanausek S. 137; sowie Leonhard Z. f. H.R. Bd. 25. S. 429.
[4] Motive z. Entwurf Bd. III. S. 557.

der Verschreibung über das Recht nicht passen, z. B. die Vorschrift über das Recht des Niessbrauchers auf die Inhabung..."[1]). Bei dieser Argumentation gehen die Motive aber a priori davon aus, dass dem Niessbraucher eines Inhaberpapiers allein die Innehabung nicht zustehen dürfe, und berücksichtigen nicht, dass der Entwurf seinerseits erst im Gegensatz zum gemeinen Recht das Erforderniss der **gemeinschaftlichen Innehabung** aufstellt. Ueberdies wird für das gemeine Recht der Besorgniss, dass der Niessbraucher das ihm durch die Innehabung des Papiers gegebene Recht missbrauchen werde, durch die grundsätzliche Verpflichtung zur Cautionsbestellung vorgebeugt[2]).

Der Niessbraucher eines Inhaberpapiers tritt nun aber auch in Beziehung zum Emittenten des Papiers. Da dem Letzteren gegenüber ja jeder Inhaber des Papiers zur Geltendmachung des verbrieften Rechtes befugt ist, so stehen dem Niessbraucher formell also zweifelsohne alle Rechte aus dem Papier zu. Wieweit indessen seine Berechtigung materiell geht, das kann uns nur die Lehre vom Niessbrauch an Forderungen zeigen[3]); denn beim gewöhnlichen Sachenniessbrauch treten nur zwei Personen auf, der Niessbraucher und der Eigenthümer, es fehlt die dritte Person; beim Niessbrauch an einer Forderung dagegen haben wir diese dritte Person, den Schuldner. Der Emittent des Papiers ist nun aber auch weiter nichts als Schuldner der im Papier verbrieften Forderung.

---

[1] Der Entw. bestimmt im § 1036. Abs. 4, dass für den Niessbrauch an „Schuldverschreibungen auf Inhaber" die Vorschriften über den Niessbrauch an einer auf Zinsen ausstehenden Forderung entsprechende Anwendung finden sollen und giebt in § 1036 u. 1037 nur einige specielle Vorschriften über die Art der Innehabung, die Einziehung fälliger Capitalbeträge, die Beschaffung neuer Zinsscheine u. s. w., sowie über die Begründung.

[2] S. unten § 7; vgl. Entw. § 1005.

[3] Vgl. Hanausek S. 137.

Welche Wirkungen nun das nach den Regeln über den Forderungsniessbrauch zu beurtheilende Verhältniss zwischen dem Niessbraucher und dem Emittenten des Prämienpapiers erzeugt, wird unten im § 6 dargethan werden.

Wenn im Vorstehenden von dem „Niessbrauch an Forderungen" die Rede war, so ist damit eine in der neueren Literatur vielfach ventilirte theoretische Streitfrage berührt: Kann man — streng genommen — von einem Niessbrauch an einer Forderung reden? Giebt es überhaupt ein Recht an einem Rechte?

Es würde über den Rahmen der vorliegenden Abhandlung hinausgehen, eingehende Untersuchungen über die letztere Frage anzustellen. Dernburg[1], Sohm[2], Bremer[3], Hartmann[4], Leonhard[5], Windscheid[6] u. A. erkennen die Existenz von Rechten an Rechten an, während Andere, wie Kohler[7], Exner[8], Thon[9], Bürkel[10]), Hanausek[11], Mansbach[12], Enneccerus[13], Strohal[14], Eberhard[15] u. A. — im Einzelnen von einander abwei-

---

1) Dernburg Pand. I. S. 595. N. 8.
2) Sohm, die Lehre vom subpignus. 1864. S. 26 ff.
3) Bremer, Pfandrecht und Pfandobjecte. 1867. S. 36 ff. Vorrede S. IX.
4) Hartmann in Krit. Vierteljahrschr. Bd. XXII. S. 540 ff.
5) Leonhard in Z. f. H.R. Bd. 25. S. 429.
6) Windscheid, die actio, S. 174; Pand. I. 3. Aufl. S. 95 u. 323. In den neueren Auflagen seiner Pand. neigt Windscheid allerdings mehr zur gegnerischen Ansicht, s. Bd. I. 6. Aufl. S. 130 f.
7) Kohler, Pfandrechtl. Forschungen 1882. S. 44 ff.
8) Exner, Kritik d. Pfandrechtsbegriffs nach röm. R. 1873. S. 11 ff.
9) Thon, Rechtsnorm und subject. Recht. 1878. S. 182. A. 72.
10) Bürkel S. 20 ff.
11) Hanausek S. 43 ff.
12) Mansbach S. 1 ff.
13) Enneccerus, Vorw. zu Mansbachs Schrift.
14) Strohal in Grünhuts Ztschr. VII. S. 406 ff. IX. S. 80.
15) Eberhard, die Verpfändung von Forderungen nach gem. R. S. 9 ff.

chend — dieselbe leugnen. Doch mag man nun mit Kohler sagen, es handele sich im Fall des „sog." Pfandrechts an einem Rechte „nicht um ein Recht am Rechte, sondern um ein Recht an einer Sache mit qualitativer Beschränkung", oder mag man Thon beistimmen und statt von einem „Recht" an einem Rechte von einer „Befugniss an einem Rechte, d. h. von einer Befugniss über ein Recht zu disponiren" reden, oder mag man Hanausek Recht geben, der z. B. das Pfandrecht an einer Forderung, am Urheberrecht u. s. w. construirt als eine Succession in die Forderung, in das Urheberrecht zu Pfandrechtszwecken, oder mag man mit Exner unter Pfandrecht an einer Forderung ein Sachpfandrecht verstehen, also ein Pfandrecht an dem Gegenstande der Forderung, oder mag man endlich frank und frei in Anlehnung an die Vertheidiger des „Rechts am Rechte" das Recht des Forderungsgläubigers gegenüber dem Schuldner selbst als den Gegenstand eines eventuellen Pfandrechts, eines Niessbrauchs betrachten: die Rechtsverhältnisse beim Pfandrecht an Forderungen und — worauf es uns an dieser Stelle ankommt — beim Niessbrauch an Forderungen werden durch Lösung oder Nichtlösung dieses rein theoretischen Problems in keiner Weise berührt [1]).

§ 4.

Wir kommen jetzt zur Entscheidung der anderen Frage: Ist der an einem Prämienpapiere bestellte Niessbrauch ein verus oder ein quasi ususfructus?

Da es zur Beantwortung dieser Frage nur auf das Verhältniss zwischen dem Eigenthümer des Papiers und dem Niessbraucher ankommt, kann jetzt, nach der

---

1) Uebrigens ist der Ausdruck: „Niessbrauch an Forderungen (ususfructus nominum)", wie ja auch die Gegner der Berechtigung des Begriffs „Recht am Rechte" anerkennen, durchaus quellenmässig; vgl. z. B. l. 3 D. de usufructu earum rerum 7, 5.

in § 3 erbrachten Beweisführung, dass zwischen diesen beiden Personen die Sätze des Sachenniessbrauchs massgebend sind, die Controverse, ob oder in welchen Fällen der an einer Forderung bestellte Niessbrauch nach Analogie des eigentlichen oder des uneigentlichen Niessbrauchs zu beurtheilen ist, hier unerörtert bleiben [1]). Vor jenem berühmten Senatusconsult unbekannten Namens und Datums [2]), das in den Quellen bei der Lehre vom Niessbrauch oft Erwähnung findet [3]), war ein Niessbrauch nur an unverbrauchbaren Sachen möglich. Um auch verbrauchbare Sachen als Bestandtheil eines Vermögenscomplexes, an dem ein Niessbrauch bestellt werden sollte, als möglichen Gegenstand eines Niessbrauches geeignet erscheinen zu lassen, wurde durch das S.-Consult der von den römischen Juristen so genannte quasi ususfructus [4]) eingeführt, ohne dass indessen dadurch das alte Recht, welches an allen Nichtconsumtibilien einen verus ususfructus constituiren liess, eine Modification erleiden sollte. Nach wie vor wird also an Nichtconsumtibilien in dubio ein verus ususfructus bestellt, d. h. der Niessbraucher erhält das Recht, die fremde Sache durch Gebrauch und Fruchtziehung zu nutzen, soweit dies ohne Verletzung ihrer Substanz möglich ist [5]). Natürlich kann es den Parteien überlassen bleiben, ausdrücklich an der nicht verbrauchbaren Sache einen Quasiususfruct zu bestellen, d. h. zu

---

1) s. Glück Bd. IX, S. 404 ff.; ferner die ausführliche Darstellung der historischen Entwickelung dieser Frage bei Stammler S. 27 ff.; vgl. auch Held, die Lehre vom ususfructus earum rerum etc. 1848. S. 50 ff. u. Rohde, zur Lehre vom ususfr. nominis. 1876. S. 31.

2) Man verlegt es in die letzten Jahre der Republik (nach Cicero) oder in die erste Kaiserzeit (nicht nach Tiberius); s. die ausführliche Erörterung bei Bürkel S. 25 ff.

3) z. B. l. 1 D. 7, 5.

4) z. B. l. 2 § 1 D. 7, 5.

5) Usus fructus est ius alienis rebus utendi fruendi salva rerum substantia. l. 1 D. 7, 1.

bestimmen, dass der Usufructuar, um den Niessbrauchszweck zu verwirklichen, an der hingegebenen Sache Eigenthum erwerben soll unter der Verpflichtung der Restitution einer gleichartigen Sache oder deren im Voraus bestimmten Aestimationssumme finito usufructu[1]). Für das Rechtsinstitut des ususfructus kommen also die Gegensätze: Verbrauchbarkeit (oder nach Goldschmidt[2]) besser Verbrauchlichkeit) und Unverbrauchbarkeit in Betracht[3]), nicht die Gegensätze: Vertretbarkeit und Unvertretbarkeit, die für andere Rechtsinstitute, z. B. für das Darlehn[4]), von Bedeutung sind. Höchstens kommen die letztgenannten Gegensätze beim Niessbrauch insofern in Betracht, als man daraus, dass der Gegenstand eines Niessbrauchs eine Fungibilie ist, etwa eine Absicht der Parteien vermuthen könnte dahingehend, auch an der nicht verbrauchbaren, aber fungiblen Sache einen Quasiususfruct zu constituiren; inwieweit man dieser Vermuthung Raum geben darf, wird von Fall zu Fall untersucht werden müssen.

Ist nun das Prämienpapier eine verbrauchbare Sache? Sicherlich nicht! Zu den verbrauchbaren Inhaberpapieren sind nur diejenigen zu rechnen, die eine dem Geld[5]) ähnliche Function haben; in erster Linie gehören hierher die Banknoten, des Weiteren vielleicht auch

---

1) l. 7 D. 7, 5.
2) Goldschmidt Hdb. Bd. 2. S. 28. N. 35.
3) Vgl. Bürkel S. 15. Die älteren Schriftsteller vermengten vielfach die Begriffe der Verbrauchbarkeit und Vertretbarkeit, so Donellus u. A. Vgl. hierüber Hanausek S. 10; Bürkel S. 9; Sträuli, über den Niessbrauch an Capitalforderungen etc. 1861. S. 11. Anm.; Frank, über den uneigentlichen Niessbrauch an körperlichen Sachen 1889. S. 11. Auch Buchère p. 358; Folleville p. 466 unterscheiden nicht scharf, wohl in Anlehnung an den Code civil, s. z. B. Code civil art. 1874. 1892.
4) S. z. B. Hanausek S. 12; vgl. l. 2 § 1 D. 12, 1; auch Bürkel S. 11.
5) Schon in den Quellen wird das Geld, welches „nicht gebraucht

fällige (aber noch nicht verjährte) Zinsscheine [1]). Da diese jederzeit vom Emittenten eingelöst werden müssen, werden sie, vorausgesetzt, dass sie sicher fundirt sind, wohl im Verkehr statt baaren Geldes gelten. An den Inhaberpapieren der soeben erwähnten Art kann also nur ein quasi ususfructus bestellt werden [2]). Gemäss der oben entwickelten Anschauung, dass bei allen Nichtconsumtibilien in dubio ein verus ususfructus zu unterstellen ist, folgt also, dass an allen übrigen Inhaberpapieren, welche nicht eine dem Gelde ähnliche Function haben, mithin auch an den Prämienpapieren, ein verus ususfructus anzunehmen ist.

Wenn vorhin ausgesprochen wurde, dass unter Umständen die Fungibilität des zum Niessbrauch gegebenen Gegenstandes einen Anhaltspunkt dafür gewähren könne, dass die Parteien einen Quasiususfruct hätten vereinbaren wollen, so fällt auch dieses, wie ausdrücklich betont sei, eventuelle Moment im vorliegenden Fall weg, da eben Prämienpapiere keine Fungibilien sind. Bei gewöhnlichen Staatspapieren und ähnlichen Schuldverschreibungen mag man ja im Zweifel sein, ob sie für fungibel gelten sollen oder nicht. Die Bezeichnung

---

werden kann, ohne dass es für den Gebrauchenden untergeht" (Windscheid I. S. 456) unter die verbrauchbaren Sachen gerechnet; s. z. B. l. 18 D. 12, 1.

1) Sofern solche als reine Inhaberpapiere ausgegeben sind.
2) Vgl. Brunner S. 209; Hanausek S. 189. Mit Recht weist m. E. Dernburg (Pand. I S. 594. N. 3) die Behauptung zurück, dass an Consumtibilien auch ein verus ususfructus bestellt werden könne. Vielmehr nennt er es nur „ein eigenartiges, beschränktes Nutzungsrecht", wenn z. B. einem Geldwechsler Geldstücke gegeben werden, damit er sie als Schaustücke in seinem Laden auslege. So auch Frank a. a. O. S. 13. Der Niessbrauch ist eben das Recht, eine Sache zu nutzen nach jeder Richtung hin, soweit dies unter Wahrung der Substanz möglich ist (Windscheid I. S. 695). Der Entwurf § 980 sagt allerdings: „der Niessbrauch kann durch die Ausschliessung einzelner Nutzungen beschränkt werden".

dieser Papiere durch Nummern, Buchstaben etc. macht dieselben nicht ohne Weiteres zu unvertretbaren Sachen [1]). Es ist deshalb an sich auch die „Aufgabe" der Nummern allein nicht entscheidend darüber, ob ein geschlossenes Geschäft nach der Absicht der Parteien als ein Geschäft über unvertretbare Sachen zu erachten ist [2]), ebensowenig wie die Nichtangabe der Nummern a priori zu der Voraussetzung Anlass geben darf, es liege ein Geschäft über vertretbare Sachen vor [3]). Bei den Prämienpapieren ist nun aber kaum ein Zweifel darüber möglich, dass man es mit einer unvertretbaren Sache zu thun hat; es ist nicht gleichgültig, welches Stück, welche Nummer man besitzt, da im Hinblick auf die Ausloosung, die früher oder später erfolgen, die dem einen Papier einen grossen, dem anderen einen kleinen Treffer bringen kann, das einzelne Papier individualisirt wird [4]).

Der Niessbrauch an Prämienpapieren ist also, falls nicht eine deutlich ausgesprochene Erklärung der Parteien entgegensteht, ein **wahrer** Niessbrauch [5]).

§ 5.

Bei der Behandlung der bei einem Niessbrauch an Inhaberpapieren mit Prämien sich ergebenden concreten Rechtsverhältnisse soll die in der Natur der Sache liegende Eintheilung befolgt und zuerst von der Entstehung, sodann von den Rechtsverhältnissen durante usu-

---

1) Vgl. Kuntze S. 696; Gönner S. 179; Sträuli, üb. d. Niessbrauch an Capitalford. 1861, S. 30 Anm.
2) Gönner S. 179 gegen Bender S. 165.
3) Urth. des O.A.G. Dresden. Z. f. H.R. Bd. 9. S. 151.
4) s. Bender S. 449; Kuntze S. 696; Cohn S. 847 A. 109, Buchère p. 358; Folleville p. 468.
5) Brunner S. 209; Hanausek S. 189; Sträuli S. 80; Buchère p. 358; Folleville p. 465 ff.; s. auch sächsisches Gesetzbuch § 628. Diese Citate beziehen sich auf den Niessbrauch an Inhaberpapieren überhaupt, implicite also auch auf den an Prämienpapieren.

fructu und schliesslich von der Endigung des Niessbrauchs gesprochen werden.

Die Gründe für die Entstehung [1]) sind die gleichen, wie für die Entstehung eines Niessbrauchs überhaupt: also Verfügung von Todes wegen, Rechtsgeschäft unter Lebenden, gesetzliche Vorschrift, richterlicher Zuspruch [2]), Ersitzung. Am häufigsten wird ein Niessbrauch an Prämienpapieren entstehen, wenn sich solche in einem Vermögenscomplex befinden, an dem in Folge letztwilliger Verfügung, gesetzlicher Vorschrift oder auch durch Rechtsgeschäft unter Lebenden ein ususfructus entsteht. Abweichungen von den Grundsätzen über die Entstehung des gewöhnlichen Niessbrauchs ergeben sich nicht, es bleiben also auch dieselben Controversen unentschieden, die im gemeinen Recht hierüber bestehen; so besonders die Frage, ob bei Begründung durch Vertrag die Uebergabe der Sache zur Constituirung des Niessbrauchs erforderlich ist; ob der Niessbrauch — als persönliche Servitut — durch Ersitzung überhaupt begründet werden kann, und andere. Hierüber eingehendere Untersuchungen anzustellen, dürfte an dieser Stelle entbehrlich sein. Es wird genügen, hinsichtlich der beiden beispielsweise genannten Fragen Folgendes zu bemerken:

Die Ersitzung des Niessbrauchs, welche nach der herrschenden Ansicht für durchaus zulässig gilt [3]), wird bei Inhaberpapieren zwar denkbar sein, aber in Wirklichkeit kaum je vorkommen. — Was sodann die Frage betrifft, ob zur Constituirung des Niessbrauchs durch

---

1) Es handelt sich hier nach den in den §§ 3 und 4 gegebenen Auseinandersetzungen also um den wahren Niessbrauch an einer körperlichen Sache.
2) Das preuss. Landrecht kennt die Constituirung durch richterliche Adjudication nicht.
3) s. Dernburg P. I. S. 606; Windscheid I. S. 739. 10.

Vertrag auch die Besitzeinräumung nothwendig ist, so darf man wohl die von Savigny angebahnte Lehre als die richtige betrachten, nach welcher die Uebergabe keine essentielle Bedeutung mehr für das heutige Recht hat¹). Auch nach französischem Recht entsteht der Niessbrauch durch den blossen Vertrag²). Aus A.L.R. I. 21. § 2 geht allerdings hervor, dass zur Begründung des Niessbrauchs der blosse Vertrag nicht ausreicht³), sondern Uebergabe erforderlich ist, und auf gleichem Standpunkt steht der Entwurf bezüglich der beweglichen Sachen im Allgemeinen⁴); aber für die Constituirung des Niessbrauchs an Inhaberpapieren stellt der Entwurf im § 1037 die besondere Regel auf, dass „zur Begründung des Niessbrauchs an einer Schuldverschreibung auf Inhaber ... an Stelle der Uebergabe des Inhaberpapiers an den Niessbraucher die Einräumung und Ergreifung der gemeinschaftlichen Inhabung oder die für den Eigenthümer und den Niessbraucher erfolgende öffentliche Hinterlegung des Papiers genügt".

§ 6.

Der Niessbraucher hat in erster Linie das Recht des Gebrauchs und der Fruchtnutzung; alle anderen ihm zustehenden Befugnisse sind ihm nur gegeben, um ihm die Ausübung jenes Rechts zu ermöglichen⁵). Zuerst seien diese — wenn wir so sagen dürfen — secundären Berechtigungen der Betrachtung unterworfen.

Aus dem vorigen Paragraphen war ersichtlich, dass nach gemeinem Recht die Besitzübertragung für die

---

1) Dernburg, Pand. I. S. 602 f.; Windscheid I. S. 729. N. 1; Arndts S. 353. N. 1.
2) Code civil art. 579.
3) Vgl. Dernburg, pr. Pr. I. S. 709. N. 3; Förster-Eccius III. S. 846; Rehbein und Reincke, Anm. 3 zu A.L.R. I. 21 § 2.
4) Entwurf § 983.
5) Vgl. Dernburg, P. I. S. 587.

Constituirung des Niessbrauchs als solche unwesentlich ist; dagegen hat der Usufructuar, sobald er durch den Vertrag mit dem Proprietar oder durch Legat u. s. w. Niessbraucher geworden ist, das Recht auf die Innehabung des Papiers [1]) und in Folge dessen stehen ihm possessorische Rechtsmittel [2]) zu.

Von der Erwägung ausgehend, dass für den Proprietar bei der Constituirung eines Niessbrauchs an einem Inhaberpapier die thatsächliche Verfügungsmacht des Inhabers über das verbriefte Recht gefährdend ist [3]), bestimmt der Entwurf im § 1036: „Ist eine Schuldverschreibung auf Inhaber . . . Gegenstand des Niessbrauchs, . . . so steht das Recht auf die Inhabung des Papiers nur dem Eigenthümer und dem Niessbraucher gemeinschaftlich zu. In Ermangelung eines Einverständnisses über die Art der Ausübung der gemeinschaftlichen Inhabung ist das Papier nebst den dazu gehörenden Zinsscheinen . . . und Erneuerungsscheinen bei einer öffentlichen Hinterlegungsstelle . . . in Verwahrung zu geben . . .". Diese Bestimmung des Entwurfs dürfte als eine zweckdienliche zu betrachten sein [4]), de lege lata aber, nach geltendem gemeinen Recht, ist dem Niessbraucher eines Inhaber-Papiers die Innehabung allein zu gewähren, wie jedem andern Sachniessbraucher.

Im Anschluss an die Innehabung hat der Niessbraucher das Verwaltungsrecht; so darf er z. B. bei den zinsentragenden Prämienpapieren die Zinsscheine vom Papier trennen und kann auf Grund der Talons eine neue Reihe von Zinsscheinen beschaffen. Sein Verfügungsrecht geht indess nicht soweit, dass er das

---

1) Ueber die zu stellende Caution vgl. unten § 7.
2) l. 60 pr. D. 7, 1 etc.
3) Motive Bd. III. S. 557.
4) s. Cosack „das Sachenrecht im Entwurf etc." S. 66 ff.

Papier weiter begeben könnte¹)²), da er ja, wie oben im § 4 dargethan ist, einen **verus** ususfructus hat. Mit Recht bemerkt deshalb Brunner³), dass Inhaberpapiere, welche erheblichen Coursschwankungen unterworfen sind, sich schlecht zur Bestellung eines eigentlichen Niessbrauchs eignen. Allerdings mögen bei Prämienpapieren gerade starke Coursschwankungen seltener sein, es sei denn, dass der Emittent durch Krieg oder sonstige Unfälle in missliche Vermögensverhältnisse geräth⁴).
Wie an jedem Niessbrauchsrecht ein Afterniessbrauch möglich ist, d. h. Veräusserung oder Verpfändung der Ausübung des Niessbrauchs, sei es, dass dies freiwillig durch den Niessbraucher selbst geschieht oder auf Grund gesetzlicher Bestimmung⁵) auch ohne den Willen des Niessbrauchers eintritt, so trifft dies auch beim Niessbrauch an einem Prämienpapier zu⁶).

Was die primären Rechte des Niessbrauchers, das Gebrauchs- und Fruchtnutzungsrecht (im engeren Sinn)⁷) anbetrifft, so dürften zunächst die Gebrauchsrechte bei einem Prämienpapier nicht von Wichtigkeit sein. Das

---

1) Vgl. die Citate oben S. 21, Anm. 5. Der von Hanausek (S. 189) angeführte Fall, dass der Niessbraucher die fälligen Papiere nach der Verkehrssitte an einen Wechsler begeben darf, dürfte kaum als Ausnahme zu betrachten sein, wie auch Hanausek hinterher selbst zugiebt. Ich glaube, man kann den Wechsler hier einfach als Stellvertreter auffassen; unerheblich ist, dass der Wechsler die Einlösungssumme sogleich — ehe er selbst die Forderung vom Emittenten eingezogen hat — zahlt.
2) a. M.: Mansbach S. 61; Leonhard in Z. f. H.R. Bd. 25. S. 429.
3) Brunner S. 209. N. 12.
4) So fielen z. B. die sog. Türkenloose im Jahre 1876 in Folge des russisch-türkischen Krieges ganz enorm.
5) s. z. B. K.O. § 1. Abs. 2; C.P.O. § 754. Abs. 8.
6) Dernburg, P. I. S. 588 f.; Windscheid I. s. 702; s. auch dort die Controversen über diese Frage.
7) Denn auch die Veräusserung der Ausübung kann man als Fruchtnutzung (im w. S.) bezeichnen.

Gebrauchsrecht des Niessbrauchers tritt als Bestandtheil des Nutzens der Sache auf[1]), der Niessbraucher kann die Sache also in dubio gebrauchen, soweit er einen Nutzen davon hat[2]). Ein Wechsler z. B., dem der Niessbrauch an einem Prämienpapier bestellt ist, kann es auch als Schaustück in seinem Schaufenster auslegen. Die eigentlichen Nutzungsrechte des Niessbrauchers umfassen die Ausübung solcher Rechte, welche im Papier verbrieft sind. Will er diese geltend machen, so tritt er in Beziehung zu dem Emittenten, dem Schuldner. Es ist im § 3 gezeigt worden, dass das Verhältniss zwischen diesen Personen nach den Grundsätzen über den Forderungsniessbrauch zu beurtheilen ist. An derselben Stelle war auch schon hervorgehoben, dass formell die Beantwortung der Frage, welche Rechte der Niessbraucher habe, keine Schwierigkeit bereite, denn die Innehabung des Papiers legitimirt ihn gegenüber dem Emittenten zur Geltendmachung aller im Papier verbrieften Rechte[3]). Wie steht es aber mit dem materiellen Umfang seiner Berechtigung? Unstreitig hat er das Recht, bei den zinstragenden Prämienpapieren die fällig gewordenen Zinsen für sich einzuziehen[4]); denn die Zinsen repräsentiren ja die juristischen Früchte des hingegebenen Capitals. Ueber das Verhältniss zwischen dem Niessbraucher und Proprietar bezüglich der Theilung der Zinsen, wenn die Niessbrauchsperiode während einer laufenden Zinsperiode endigt oder ihren Anfang nimmt, vgl. unten § 9.

---

1) Windscheid I. S. 709.
2) Denkbar ist es, dass Jemandem an einer Sache ein Fruchtnutzungsrecht, einem Anderen ein blosser usus eingeräumt ist. Vgl. Dernburg, P. I. S. 587; l. 14 § 3 D. 7, 8.
3) Hanausek S. 137.
4) Ueber die Frage, wann juristische Früchte als erworben gelten, vgl. z. B. Heimbach S. 90 ff.; Göppert S. 43. N. 19; Stammler S. 140 ff.

Ist das Prämienpapier ein zinsloses, oder werden die Zinsen nicht jährlich, sondern erst bei der Ausloosung nachgezahlt[1]), so sind Nutzungsrechte zunächst, d. h. so lange das Papier unausgeloost bleibt, nicht vorhanden. Endigt der Niessbrauch eines unverzinslichen Papiers, ehe dasselbe gezogen wird, so kann der Niessbraucher nicht etwa verlangen, dass ihm die durch planmässige Accumulation der Zinsen zum Capital entstandene Werthvermehrung des Papiers (die sich gewöhnlich im Course ausdrücken wird) ausgezahlt werde, weder jetzt bei Beendigung des Niessbrauchs, noch später nachträglich, wenn das Loos gezogen wird. Denn wenn auch selbst in dem später zur Auszahlung kommenden niedrigsten Einlösungsbetrage meist eine Zinsvergütung enthalten ist, so lässt sich diese doch vom Capital nicht trennen, sie steckt ununterscheidbar in demselben. — Ein solcher Anspruch war Gegenstand einer Verhandlung des Obertribunals gewesen[2]). Ein an einem Vermögen, in dem sich auch Prämienscheine der preussischen Seehandlung befanden, bestellter Niessbrauch endete, ohne dass die Papiere ausgeloost waren. Der Cours derselben war indessen um circa 20% gestiegen. Der Niessbraucher verlangte nun, dass ihm wenigstens dann, sobald die Loose gezogen sein würden, für jedes Jahr seiner Niessbrauchszeit eine Zinsvergütung von 4—5% gezahlt werde, da nach dem Plane der Lotterieanleihe der zur Auszahlung kommende niedrigste Einlösungspreis stets ausser der Capitalsumme eine solche Zinsvergütung enthalte. Das Obertribunal wies diesen Anspruch aus den oben entwickelten Gründen als unberechtigt zurück.

---

1) s. oben S. 7.
2) s. Entsch. des Ob.-Trib. in „Neues Archiv für preuss. R." Bd. X. S. 143 ff.; vgl. auch Koch, Comment. z. A. L. R. Bd. II. S. 935 N. 86.

Ebenso kann die Frage aufgeworfen werden, ob der Niessbraucher, falls der Niessbrauch endet, ehe das Loos gezogen wird, irgend welche Zinsansprüche hat, wenn es sich um ein Prämienpapier handelt, das zwar verzinslich ist, bei dem die Zinsen aber nicht periodisch, sondern erst bei der dereinstigen Ausloosung ausgezahlt werden; auf die Beantwortung dieser Frage wird unten im § 9 a. E. eingegangen werden.

Im Uebrigen hat der Niessbraucher, wenn der Niessbrauch endigt, so lange das Papier nicht ausgeloost ist, so lange die verbriefte Forderung also nicht fällig wird, das Papier dem Eigenthümer zu restituiren.

Anders aber gestalten sich die Rechtsverhältnisse, wenn während der Niessbrauchszeit die Amortisationsziehung stattfindet. Darf der Niessbraucher in diesem Fall die verbriefte Forderung einziehen? Welche Rechte erhält er eventuell an der eingezogenen Forderung?

Die erste Frage deckt sich mit der allgemeineren Frage: Steht dem Niessbraucher einer Forderung das Recht zu, dieselbe einzuziehen? Die herrschende Ansicht bejaht dies[1]) mit Rücksicht auf die l. 24 D. 33. 2, l. 3 D. 7. 5, l. 1 C. 3. 33, in welchen dem Usufructuar auferlegt wird, die Caution aus dem Senatusconsult zu stellen, wozu kein Grund vorläge, wenn ihm nur der Zinsengenuss, nicht auch die Verfügung über das Capital zustände. Windscheid[2]) kommt auch von allgemeinen Erwägungen aus zu demselben Resultat. Er argumentirt so: der Niessbraucher muss das Recht haben, wenn die Forderung auf eine einmalige Leistung geht, dieselbe einziehen bezw. annehmen zu können, da er sonst gar keinen Genuss haben würde[3]),

---

1) s. Dernburg Pand. I. S. 596; Windscheid I. S. 708; Hanausek S. 92 ff.; Bürkel S. 62 ff.
2) Windscheid I. S. 708 N. 13 u. 14.
3) s. auch Hanausek S. 96.

der ihm doch aber vom Besteller zugedacht ist. Es ist dabei gleichgiltig, ob von Anfang an die Leistung nur eine einmalige sein sollte oder ob dies erst später, z. B. nach Erlöschen des Zinsrechts d. h. nach Fälligkeit der Forderung zutrifft. Wenn Windscheid fortfährt, dass sich der Niessbraucher gegen die Leistung an den Gläubiger durch Denuntiation an den Schuldner schützen müsse, so erleidet diese Bestimmung keine Anwendung auf den Niessbrauch an Prämienpapieren, da ja der Schuldner ohnedies nur an den Inhaber des Papiers zahlen wird, d. h. eben an den Niessbraucher. Der Niessbraucher einer Forderung hat also das ius exigendi. Allerdings wird man der von Mühlenbruch[1]) u. A. aufgestellten Behauptung entgegentreten müssen, als ob der Niessbraucher schon auf Grund des ihm zustehenden Verwaltungsrechts die Forderung einziehen dürfe oder gar dem Gläubiger gegenüber dazu verpflichtet sei[2]), denn der Niessbraucher ist ja nicht dessen Mandatar, als welcher er dessen Vortheile wahrzunehmen hätte, sondern das ihm gebührende Verwaltungsrecht ist nur ein Ausfluss seines Gebrauchs- und Fruchtnutzungsrechts[3]).

Stammler[4]) unterscheidet zwischen einem eigentlichen und einem uneigentlichen Forderungsniessbrauch, je nachdem die Forderung eine unverbrauchbare ist, d. h. fructus civiles abwirft, oder nicht. Zufolge dieser Unterscheidung gewährt er beim eigentlichen Forderungsniessbrauch dem Usufructuar nur den Zinsengenuss, während beim uneigentlichen das Forderungsrecht durch Cession in die unumschränkte Verfügungs-

---

1) Mühlenbruch S. 498.
2) s. aber unten S. 44.
3) vgl. Stammler S. 135 f., auch Dunker, i. Archiv f. prakt. Rechtswissenschaft Bd. 6. S. 105 f.; Mansbach S. 47 ff.; Hanausek S. 93 ff.
4) Stammler S. 75 ff.

gewalt des Quasiusufructuars übergehen soll unter Verpflichtung der Restitution finito usufructu. Diese Unterscheidung dürfte indes dem Charakter des Forderungsniessbrauchs nicht gerecht werden und ist auch von Hartmann[1]) und Strohal[2]) zurückgewiesen worden. Auf dem entgegengesetzten Standpunkt steht Mansbach[3]), der in dem Fall, wo „der Wille des Niessbrauchsbestellers thatsächlich und nachweisbar auf blosse Gewährung des Zinsengenusses gerichtet war", trotz der Bezeichnung dieses Verhältnisses als eines Forderungsniessbrauchs einen Forderungsniessbrauch gar nicht als vorliegend erachtet. Aber auch diese Auffassung ist zu einseitig[4]). Man muss mit Hanausek[5]) unterscheiden, ob dem Usufructuar eine „Ingerenz" auf die Zinsenklage eingeräumt ist oder nicht. Ist dies nicht der Fall, ist etwa bei dem durch Legat bestellten „Niessbrauch" dem Erben nur aufgetragen, die Zinsen einer Forderung nach der von ihm bewirkten Einziehung dem Niessbraucher zuzuführen, so ist dies kein Niessbrauch im eigentlichen Sinn, sondern ein reditus legatus. Für diesen Fall träfe also Mansbachs Behauptung zu, in ihrer Allgemeinheit geht sie zu weit.

Der Niessbraucher einer Forderung und damit auch der Niessbraucher eines Prämienpapiers hat also das Recht, die Forderung, sobald sie fällig geworden ist, einzuziehen.

Anders nach A. L. R. I. 21 § 101. Danach hat der Niessbraucher nicht das Recht, ohne Zuziehung des Eigenthümers die Capitalforderung einzuziehen, des-

---

1) Hartmann, in krit. Vierteljschr. Bd. 22. S. 522.
2) Strohal, in Grünhut's Ztschr. Bd. 9. S. 78 f.
3) Mansbach S. 55 N. 37.
4) s. Hartmann S. 535; Strohal S. 81.
5) Hanausek S. 90 u. 117.

gleichen steht dies Recht nach dem Entwurf § 1033 nicht dem Niessbraucher einer auf Zinsen ausstehenden Forderung zu. Speciell für den Niessbrauch an Inhaberpapieren bestimmt der Entwurf im § 1036 Abs. 3, dass beide Theile, d. h. Niessbraucher und Eigenthümer, „in Ansehung der Einziehung der fälligen Capitalbeträge ... zur Mitwirkung gegen einander verpflichtet" sind. Diese Bestimmung folgt logisch aus dem Standpunkt, auf welchem der Entwurf steht [1]).
Es fragt sich aber weiter, welche Rechte der Niessbraucher dann an der eingezogenen Forderung erwirbt. Wir wollen zunächst den häufigsten Fall ins Auge fassen, dass das Loos mit der Niete gezogen wird, d. h. mit dem niedrigsten Einlösungsbetrage, der mindestens auf jedes Loos entfallen muss [2]). Das Rechtsverhältniss ist alsdann ein sehr einfaches; der Niessbraucher erhält uneigentlichen Niessbrauch an der Einlösungssumme [3]) und muss diese finito usufructu an den Eigenthümer ausliefern. Es folgt dies aus der herrschenden Lehre, wonach bei einem Forderungsniessbrauch nach erfolgter Fälligkeit der Forderung an dem eingezogenen Gegenstand ein verus usufructus entsteht, falls derselbe eine unverbrauchbare Sache ist, und bei Verbrauchbarkeit desselben ein quasi ususfructus. Für das Letztere sprechen verschiedene Quellenstellen, so l. 1 C. 33. 3, l. 24 D. 33. 2, l. 4 D. 7. 5, während man zu der Behauptung, dass an der eingezogenen, unverbrauchbaren Sache ein verus ususfructus entsteht, aus allgemeinen Erwägungen gelangt [4]).

---

1) s. oben S. 24.
2) Ueber die Rechtsverhältnisse beim eventuellen Prämiengewinn s. § 6 a.
3) s. Brunner S. 209; Hanausek S. 140; Folleville p. 471; Buchère p. 174.
4) s. Dernburg Pand. I S. 596; Windscheid I S. 708; Hanausek S. 96 ff.; Hartmann, in krit. Vierteljschr. Bd. 22 S. 637; s. bei Hanausek

Das preussische Landrecht sowohl wie der Entwurf lehnen den Quasiususfruct an der eingezogenen Summe ab, vielmehr verpflichten sie den Gläubiger nur, das Capital zu Gunsten des Niessbrauchers von Neuem auszuleihen, eventuell nach Rücksprache oder unter Mitwirkung des Letzteren[1]). Uebersteigt der niedrigste Einlösungsbetrag den Nominalwerth des Prämienpapiers, so darf der Niessbraucher diesen Ueberschuss nicht etwa als Zinsen für sich in Anspruch nehmen, wenn auch in der That dieser eventuelle Mehrbetrag die Stelle der Zinsen bei den unverzinslichen Prämienpapieren vertritt, sondern es entsteht an der ganzen Einlösungssumme Niessbrauch[2]). Das Nähere wird sich aus den Erörterungen im nächsten Paragraphen ergeben.

§ 6 a.

Wir kommen nämlich nunmehr zur Behandlung der Frage, welchem Rechtsverhältniss der möglicher Weise bei der Ausloosung auf das Prämienpapier entfallende Gewinn unterliegt.

Drei Ansichten sind diesbezüglich aufgestellt worden. Nach der einen Auffassung erhält der Niessbraucher die Prämie zu Eigenthum, nach einer anderen fällt

---

auch die Polemik gegen Dunker (Arch. f. prakt. Rechtswiss. VI. S. 101), welcher der Ansicht ist, dass auch an der unverbrauchbaren Sache nach der Einziehung ein Quasiusufruct entstände.
1) A. L. R. I. 21 § 106; Entwurf § 1034. Gegen die Bestimmung des Entwurfs, dass die Neuanlegung „nach Massgabe der für die Anlegung von Mündelgeldern geltenden Vorschriften" zu geschehen habe, wendet sich — m. E. mit Recht — Cosack, das Sachenr. im Entwurf etc. S. 65.
2) Vgl. Buchère p. 206; Folleville p. 471; Motive Bd. III. S. 551: „Wenn auch dieses Agio der Entgelt für eine niedrigere Normirung des Zinssatzes ist, so liegt hierin doch kein Grund, dasselbe dem Niessbraucher zuzusprechen".

dieselbe hingegen ohne Weiteres dem Eigenthümer zu, so dass der Niessbraucher ganz leer ausgeht, während eine vermittelnde Ansicht dahin geht, dass dem Niessbraucher die Nutzung der Prämie gebührt, so lange der Niessbrauch noch dauert. Wer der ersten Ansicht ist, muss die Prämie als Frucht auffassen, denn nur die Früchte der Niessbrauchssache fallen dem Niessbraucher zu; von der Substanz gebührt ihm Nichts. Die Vertreter der dritten Anschauung dagegen erblicken in der Prämie ein zur Niessbrauchssache hinzutretendes Zubehör, auf das sich das Niessbrauchsrecht mit ausdehnt, während die zweite Ansicht darauf fusst, dass die Prämie eine selbstständige Existenz habe, also den Schicksalen der Niessbrauchssache nicht unterworfen sei.

Um zu einer Entscheidung zwischen diesen drei Meinungen zu gelangen, müssen wir Zweierlei auseinderhalten:

1) Fällt die Prämie unter den Begriff der Frucht oder gehört sie der Substanz der „Muttersache" an?

2) Im letztern Falle: hat sie eine selbstständige Existenz, oder tritt sie dem ursprünglich im Papier angelegten Capitalbetrag accessorisch hinzu?

Was die erste Frage betrifft, so könnte man ja durch die Betrachtung des Umstandes, dass die Prämie die fehlenden Zinsen ersetzen, oder bei den verzinslichen Prämienpapieren die geringen Zinsen ausgleichen soll, sich veranlasst fühlen, die Prämie als Frucht aufzufassen. Aber dieser Construktion steht der Begriff der Frucht entgegen. „Frucht ist Alles, was eine Sache als Ertrag gewährt auf natürlichem Wege oder unter Vermittelung eines hinzutretenden Rechtsverhältnisses"[1]), nicht aber bilden die Frucht

---

1) Windscheid I S. 696. In den Quellen findet sich keine Definition des Fruchtbegriffs; dieselben unterscheiden von Fall zu Fall, was „in fructu" befindlich ist.

einer Sache Zuwüchse, die von Aussen kommend zufälliger Weise derselben sich anheften, wie z. B. die alluvio beim Grundstück. Solche Zuwüchse bilden keinen Ertrag; denn das begriffsbestimmende Moment des Ertrages besteht (abgesehen davon, dass die Substanz nicht verringert werden darf) darin, dass die Nutzung eine durch die wirthschaftliche Bestimmung des fruchttragenden Gegenstandes im regelmässigen Lauf der Dinge geschaffene sein muss. Der classische Ausdruck hierfür ist der in l. 27 pr. D. 5, 3 ausgesprochene Satz, dass Sclavenkinder keine Frucht sind, „quia non temere ancillae eius rei causa comparantur, ut pariant".

Der bestimmungsmässige Nutzen eines Grundstücks sind z. B. die natürlichen Früchte, die dasselbe gewährt, nicht etwa die alluvio oder ähnliche „Vortheile, welche nur . . . durch Zufall als reines donum fortunae uns zufallen"[1]).

Die bestimmungsmässige Nutzung eines Capitals als solchen besteht darin, dass man es auf Zinsen ausleiht, nicht etwa darin, dass man es durch Theilnahme an einem Glücksspiel zu vermehren sucht. Die Prämie ist daher nicht Frucht, sondern sie vermehrt die Substanz, und es ist deshalb durchaus unstatthaft, dem Niessbraucher eines Prämienpapiers die eventuelle Prämie zuzusprechen, wie dies von dem Richter der zweiten Instanz in der oben erwähnten Processsache[2]) durch seine Ausführungen geschieht[3]). Das in dritter Instanz erkennende Obertribunal nahm zu der Frage, wem der Prämiengewinn gebühre, keine Stellung, da in dem zur Entscheidung vorliegenden Fall dieselbe nicht unmittelbar in Betracht kam.

---
1) Göppert, Ueber die organischen Erzeugnisse. 1869. S. 28.
2) s. oben S. 27.
3) s. Neues Arch. f. preuss. R. etc. Bd. X. S. 135.

Um die Ansicht, dass der Niessbraucher die Prämie zu Eigenthum bekomme, zu widerlegen, vergleiche man auch folgendes Beispiel mit unserm Fall. Es wird Jemandem ein Niessbrauch bestellt an einem völlig unfruchtbaren Ackergrundstück, das der Eigenthümer nur in der Voraussetzung erworben hat, dasselbe werde sich demnächst in Folge der Ausdehnung einer benachbarten Stadt als Bauplatz eignen und Kaufliebhaber finden, die ihm einen weit höheren Betrag zahlen, als er selbst dafür erlegt hat. Inzwischen wirft das Grundstück keinen Ertrag ab oder höchstens einen ganz geringen in Folge von Vermiethung als sog. Stätteplatz. Der Niessbraucher hat zunächst also gar keinen Nutzen davon oder nur den erwähnten geringen Miethszins. Nun tritt der zwar erhoffte, aber nicht mit Bestimmtheit vorauszusagende Fall ein: der Platz findet einen Käufer, der eine den ursprünglichen Werth bedeutend übersteigende Summe zahlt. Soll man diesen Ueberschuss dem Niessbraucher als Frucht zusprechen? Sicherlich nicht! — Ziehen wir die Parallele zwischen diesem Beispiel und unserem Fall. Das unfruchtbare Ackergrundstück entspricht dem Prämienpapier, das vor der Hand, ehe es ausgeloost wird, gar keinen oder doch nur einen geringen Ertrag liefert. Durch die Ausloosung fällt ein grösserer Gewinn, der den Erwerbswerth des Papiers erheblich übersteigt, auf die in usufructu befindliche Nummer der Prämienanleihe. So wenig, wie jener Niessbraucher des Ackergrundstücks den Preisunterschied zwischen dem früheren und dem jetzigen Werth der Ackerparzelle als Frucht für sich nehmen darf, ebensowenig gebührt dem Niessbraucher des Prämienpapiers die Prämie; denn weder die Wertherhöhung des Grundstücks, noch die Prämie stellen einen Ertrag in dem oben ausgeführten Sinne dar, es handelt sich vielmehr in beiden Fällen um ein reines „donum fortunae".

In der That findet sich auch bei keinem der diese Frage behandelnden Schriftsteller die soeben als unhaltbar bezeichnete Anschauung vor [1], nur die oben erwähnte richterliche Entscheidung spricht sich dafür aus.

Es erübrigt noch zwischen den anderen beiden Ansichten zu entscheiden, von denen die eine dem Niessbraucher wenigstens die Nutzung der Prämie gestattet, die andere hingegen ihm gar keine Rechte an derselben gewährt. Die Grundfrage [2], ob die Prämie als accessorium zum Capitalbetrag hinzutritt, so dass sie dessen Schicksale theilt, oder ob ihr eine selbstständige Existenz zukommt, löst sich m. E. durch folgende Betrachtung:

Dem Niessbraucher ist das Niessbrauchsrecht eingeräumt an dem Prämienpapier als solchem, nicht etwa an dem Nominalwerth [3] desselben. Nominalwerth und Forderung aus dem Papier decken sich keineswegs; denn das Papier hat einen höheren Werth, der sich aus dem Nominalwerth einerseits, plus der Anwartschaft auf einen möglichen Gewinn andererseits zusammensetzt. Nun erfolgt die Ziehung, bei welcher das Loos einen Treffer erzielt. Der erste Bestandtheil des im Papier repräsentirten Werthes, nämlich der Nominalwerth, bleibt

---

[1] Nur definirt, allerdings ohne vom Niessbrauch und den eventuellen Rechten des Niessbrauchers an der Prämie zu reden, auch Souchay (im Arch. f. civ. Praxis Bd. 10 S. 164) die Prämie als Frucht: „Letzteres (nämlich das von ihm als Papiergeld charakterisirte Inhaberpapier — s. oben S. 12 A. 1) erhält jedoch nur dadurch einen Werth . . ., dass es dem Besitzer zu gewissen Zeiten Früchte, bestehend in einer bestimmten Quote des nominellen Capitals (Zinscoupons) oder in unbestimmten Prämien (bei Lotterieloosen), bringt".

[2] s. oben S. 33 sub 2.

[3] Es sei an dieser Stelle der Einfachheit halber vorausgesetzt, dass Niete und Courswerth gleich dem Nominalwerth sind.

derselbe, während sich der andere Bestandtheil, **die spes**, realisirt hat in Gestalt der Prämie. Aus dem Papier hat sich also eine Geldsumme entwickelt, welche dem Nominalwerth zuzüglich der Prämie gleichsteht. Die Prämie ist nichts selbstständig für sich Bestehendes, sondern ein integrirender Bestandtheil des ursprünglich im Papier angelegten Capitals. Da nach der Ausführung des § 6 an der eingelösten Summe dem Niessbraucher ein Quasiususfruct zusteht, so erstreckt sich dieser demnach ausser auf den Nominalwerth auch auf die Prämie[1]).

Es mögen noch die Schriftsteller Erwähnung finden, welche dieser Frage Beachtung geschenkt haben. Förster-Eccius[2]) bemerkt: „Bei den Prämienanleihen und denjenigen Anleihepapieren, welche Rückzahlung in höherem Capitalbetrage gewähren, wird zwar die wirthschaftliche Möglichkeit dieser Leistung durch den geringen Betrag oder das Fehlen der Zinsen herbeigeführt, es besteht aber hier ein Recht auf den höheren Betrag nur als Capitalleistung. Dieser Gewinn kann also dem Niessbraucher nicht zufallen". Förster-Eccius spricht sich also nur dagegen aus, dass der Niessbraucher die Prämie zu Eigenthum erhalten solle, ohne zu entscheiden, ob er die Prämie nicht wenigstens nutzen darf.

---

1) Gesetzliche Bestimmungen, welche die im Text vertretene Ansicht direct unterstützen, liegen allerdings nicht vor, es sei denn, dass man § 628 des sächsischen Gesetzbuches hierfür anführen will. Derselbe lautet: „ ... Wird solches (nämlich ein Werthpapier) während der Dauer des Niessbrauchs ausgeloost, so hat der Niessbraucher (nach Erlöschung des Niessbrauchs) den Ausloosungsbetrag zu gewähren". Aus dieser Bestimmung ist indess nicht ersichtlich, ob auch Prämienpapiere unter dieselbe fallen sollen oder ob es sich blos um die Partialobligationen der sog. „verloosbaren Anleihen" (s. oben S. 8) handelt.

2) Förster-Eccius Bd. III S. 345.

Unter den Schriftstellern, die mit der oben vertretenen Auffassung übereinstimmen, ist besonders Brunner[1]) zu nennen. Er führt aus: „Sind Loospapiere zu Niessbrauch bestellt worden, so ist der Niessbraucher befugt, den Gewinn zu beheben und während der Dauer des Niessbrauchs zu nutzen; doch ist der Gewinn, weil er nicht unter den Gesichtspunkt der Zinsen fällt, sondern als ein Zuwachs zum Capital erscheint, finito usufructu vom Niessbraucher zu restituiren".

Weiter Hanausek[2]): „Der Niessbraucher ist sowohl zur Erhebung etwaiger Zinsen und im Falle des Fälligwerdens der Forderung durch Ziehung zur Erhebung des Gewinns berechtigt. Finito usufructu hat der Niessbraucher das Loos selbst in specie, im Falle das Loos gezogen wurde, den Gewinnbetrag zu restituiren".

Stammler[3]) weist die Annahme zurück, dass die Prämie mit den Zinsen auf eine Stufe zu stellen sei, „weil sie zu dem Capital zugeschlagen wird und die Substanz desselben vermehren soll". Man wird wohl auch aus diesen Worten entnehmen können, dass Stammler dem Niessbraucher die Nutzung des Prämiengewinnes zusprechen will.

Da indessen in den angeführten Schriften eine ausführliche Erörterung der uns beschäftigenden Controverse nicht angebracht war, so begnügen sich die Verfasser derselben damit, ihre Ansichten zu äussern, ohne dieselben näher zu erläutern und ohne die Gründe der Gegner zu widerlegen.

Endlich findet sich die hier vertretene Ansicht

---

1) Brunner S. 209.
2) Hanausek S. 140.
3) Stammler S. 139.

noch bei Galluppi und Dreyfous, auf deren Ausführungen unten noch besonders Bezug zu nehmen ist.

Hauptvertreter der entgegengesetzten Meinung ist Dernburg in seinem preussischen Privatrecht. Es heisst dort[1]): „Die Prämien gleichen den geringen Zinsgenuss aus. Dennoch wird man dem Niessbraucher weder die Prämie, noch auch selbst die Nutzung des Prämiengewinns zutheilen können, denn dieser Gewinn ist Substanzvermehrung und ein neu erworbenes Capital, auf welches sich der Niessbrauch an der ursprünglichen Capitalsumme nicht erstreckt". Durch die obigen Ausführungen glaube ich indessen dargethan zu haben, dass es sich nicht um ein „neu erworbenes" Capital im Sinne Dernburgs handelt.

In der französischen Literatur wird freilich unsere Frage ebenfalls von Dernburgs Standpunkt aus entschieden bei Folleville und Buchère. Folleville äussert sich wie folgt[2]): „Ce lot ne peut pas être considéré comme un accroissement normal ou un fruit du capital sujet à usufruit. C'est un produit extraordinaire, analogue au trésor; c'est un gain inespéré, dont le nu-propriétaire doit seul avoir immédiatement la jouissance". Buchère[3]) sagt: „L'usufruitier de valeurs de cette nature (i. e. Prämienpapiere) ne pourrait prétendre aucun droit à ces lots, ni même à la jouissance du capital qu'ils auraient produit. Ces lots ne peuvent être, en effet, considérés comme un accessoire du titre grevé d'usufruit; ils ne font point partie du revenu et appartiennent au nu-propriétaire. Leur réalisation n'est pas un simple accroissement de la valeur objet de

---

1) Dernburg, pr. Privatr. I. S. 728 N. 7.
2) Folleville p. 472.
3) Buchère p. 206 f.

l'usufruit. Ils doivent être assimilés au trésor découvert dans l'immeuble, ... qui est, aux termes de l'art. 598 du code Napoléon, réservé au nu-propriétaire".

Beide Schriftsteller weigern also dem Niessbraucher die Nutzung der Prämie und begründen ihre Ansicht durch den Vergleich der Prämie mit dem Schatzfunde. Allerdings bestimmt der Code Napoléon und andere moderne Gesetzbücher, entsprechend dem römischen Recht[1]), dass der Niessbraucher kein Recht am Schatze haben solle. Aber es fragt sich: Ist der Vergleich der Prämie mit dem Schatze ein zutreffender?

Thensaurus est vetus quaedam depositio pecuniae, cuius non exstat memoria, ut iam dominum non habeat[2]).

Von der Existenz eines Schatzes in einem Grundstück weiss Niemand Etwas. Werden also Rechtsgeschäfte über ein Grundstück abgeschlossen, so geschieht dies in der Regel nicht mit Rücksicht auf einen möglicherweise sich vorfindenden Schatz. Ganz anders dagegen verhält es sich mit dem Prämienpapier. Wer ein solches kauft, oder wer sich an ihm einen Niessbrauch bestellen lässt, thut dies einzig und allein mit Rücksicht auf den zu erwartenden Gewinn, die Prämie.

Aehnlich argumentirt Dreyfous, den Galluppi[3]), mit ihm übereinstimmend, citirt[4]). Nach der Darlegung der Unhaltbarkeit des Vergleichs zwischen Schatz und Prämie erklärt auch Galluppi, dass dem Niessbraucher an der Prämie „come un'estensione del capitale soggetto ad usufrutto, come una specie di accessione" ein Nutzungsrecht zu gewähren sei, und er verweist auf ein Urtheil des Civ.-Trib. von Marseille v. 18. 1. 1870, welches die gleiche Ansicht adoptirt habe.

---

1) Code civil art. 598; l. 7 § 12 D. 24, 3.
2) l. 31 § 1 D. 41, 1.
3) Galluppi p. 184 f.
4) siehe Vorbemerkung.

Nach denselben Grundsätzen ist natürlich mit einem eventuell eintreffenden zweiten und dritten Prämiengewinn zu verfahren, wie er z. B. bei den russischen Prämienanleihen[1]) eintreten kann.

§ 7.

Den bisher besprochenen Rechten des Usufructuars eines Prämienpapiers müssen wir nunmehr dessen Verpflichtungen gegenüberstellen. Sämmtliche Verpflichtungen des Niessbrauchers ordnen sich den beiden Hauptverpflichtungen unter, zu deren Innehaltung er sich nach römischem Recht durch Caution zu verbinden hatte:

„et usurum se boni viri arbitratu et, cum usus fructus ad eum pertinere desinet, restituturum quod inde exstabit[2])".

Hinsichtlich des Umfangs der Restitutionspflicht ist dem bisher Ausgeführten Nichts hinzuzufügen. Der Niessbraucher hat entweder das Loos in specie oder den eventuellen Ausloosungsbetrag zu restituiren. Auf die Verpflichtung, welche ihm das usurum se boni viri arbitratu auferlegt, wird sogleich eingegangen werden; zuvor müssen wir uns noch mit der Bedeutung und der Beschaffenheit der Cautionsleistung beschäftigen.

Was die Bestellung der Caution betrifft, so ist dieselbe eine rein interne Angelegenheit zwischen Proprietar und Niessbraucher; es sind also hinsichtlich dieses Punktes[3]) die Grundsätze des Sachenniessbrauchs massgebend[4]). Nach römischem Recht war dem Eigenthümer aus der Bestellung des ususfructus an sich

---

1) s. oben S. 6.
2) l. 1 pr. D. 7, 9.
3) s. oben § 3.
4) so auch Hanausek S. 139.

keine Klage gegeben¹), sondern es bedurfte der Uebernahme einer persönlichen Verpflichtung seitens des Usufructuars durch die cautio usufructuaria. Gemeinrechtlich treten indess „die Verpflichtungen des Usufructuars schon von Rechtswegen mit dem thatsächlichen Beginn des Niessbrauchs ein. Die Caution dient hier nur zur Verstärkung der gesetzlichen Verpflichtung²)". Wie ferner bei jedem Sachenniessbrauch der Niessbraucher erst dann Anspruch auf die Innehabung der Sache hat, nachdem er Caution gestellt hat, während er, falls er die Detention schon vor der Cautionsbestellung erhalten hatte, einem Condictionsanspruch des Eigenthümers oder dessen Klage auf nachträgliche Gewährung der Caution unterliegt³), so muss auch unser Niessbraucher, ehe er ein Recht auf Detention des Papiers erhält, die Sicherheit leisten, es sei denn, dass ihm in rechtsgültiger Weise dieselbe erlassen ist⁴).

Es erhebt sich nun die Frage, wie hoch sich die Caution beim Niessbrauch an einem Prämienpapier belaufen müsse. Soll man den Nominalwerth zu Grunde legen oder den Courswerth zur Zeit der Constituirung oder vielleicht den durchschnittlichen Courswerth des letzten Jahres? Indessen alle diese Werthgrössen dürften doch dem wirklichen Werth eines Prämienpapiers nicht entsprechen und demnach als Grundlage zur Bestimmung der Caution sich nicht eignen. Vielmehr ist der wahre Werth eines solchen Papiers der sog. Erwartungswerth. Derselbe ergiebt sich in folgender Weise⁵):

---

1) l. 13 § 2 D. 7, 1.
2) Dernburg Pand. I. S. 589; auch Windsch. S. 699 N. 1.
3) Dernburg Pand. I. S. 590; Windscheid S. 701; Bürkel S. 130 ff.
4) vgl. Dernburg Pand. I S. 591; Windscheid S. 701 u. 702 u. N. 8 u. 9 u. ibi cit.
5) vgl. Cohn S. 878; Mayer-Rothschild S. 544; Saling I (2. Aufl.) S. 279.

Man dividirt mit der Anzahl aller noch unausgeloosten Scheine der betreffenden Prämienanleihe in die Summe sämmtlicher noch ausstehenden Prämien plus Nietenbeträge, reducirt auf ihren gegenwärtigen Werth, d. h. man discontirt diese Beiträge auf den Tag der Rechnungsvornahme unter Zugrundelegung des landesüblichen Zinsfusses. Bei den verzinslichen Loosen muss man übrigens auch die später fällig werdenden Zinsen (wieder reducirt auf ihren gegenwärtigen Werth) dem noch ausstehenden Betrage der Leistungen des Schuldners zurechnen[1]). — Es ist allerdings zuzugeben, dass die Schwierigkeit der Berechnung des Erwartungswerthes die Parteien bestimmen wird, die Höhe der Caution in anderer Weise festzusetzen, und dies steht ihnen ja frei. Liegt aber ein solches Uebereinkommen nicht vor, so wird dennoch der Erwartungswerth massgebend sein müssen. — Der Proprietar kann natürlich aber eine Erhöhung der Caution verlangen, wenn das Loos einen hohen Treffer erzielt hat.

Die Cautionsleistung kann auch durch Stellung von Bürgen geschehen, welche Form in Rom zur klassischen Zeit die allein übliche war[2]), da man hier den Personalcredit zeitweilig über den Realcredit stellte. Nach gemeinrechtlicher Doktrin würde sogar die sog. juratorische Caution genügen, falls andere Sicherung nicht zu beschaffen ist; doch ist dieses Rechtsinstitut kaum mehr von praktischer Bedeutung[3])[4]).

Die Verpflichtung zur Cautionsbestellung ist vom sächsischen Gesetzbuch (§ 617) festgehalten worden, des-

---

1) Diesen so zu berechnenden Erwartungswerth will auch Cohn (S. 878) bei Anmeldung der Ansprüche der Loosinhaber in einem eventuellen Concurse des Emittenten liquidirt wissen.
2) l. 18 pr. D. 7, 1; l. 5 § 1 u. l. 7 D. 7, 9.
3) Dernburg Pand. I. S. 591; Hanausek S. 32 N. 2 u. ibi cit.
4) Ueber die Cavirung durch Umwandlung des Inhaberpapiers in ein Namenpapier s. unten S. 47. N. 1.

gleichen vom Code civil (art. 601). Dagegen lassen dieselbe A.L.R. I. 21 § 19, sowie der Entwurf eines bürgerlichen Gesetzbuches [1]) im Allgemeinen fallen; letztere beiden Gesetzbücher verlangen Cautionsbestellung nur dann, wenn das Verhalten des Niessbrauchers eine Gefährdung der Rechte des Proprietars besorgen lässt [2]).

Uebrigens wäre speciell vom Standpunkte des Entwurfs bei Inhaberpapieren die Cautionsbestellung schon aus dem Grunde nicht von Nöthen, weil ja nach § 1036 der Niessbraucher gar nicht das Recht auf die alleinige Innehabung hat.

Untersuchen wir nunmehr, welche Verpflichtungen im Einzelnen sich für den Niessbraucher eines Prämienpapiers aus dem Umstande ergeben, dass er gehalten ist, als bonus vir das Niessbrauchsrecht auszuüben. Es braucht wohl nicht besonders hervorgehoben zu werden, dass der Usufructuar nach den allgemeinen Rechtsregeln für Verschuldung haftet, so z. B. für die custodia des ihm anvertrauten Papiers. Dagegen trägt er nicht die Gefahr für den casuellen Untergang oder das unverschuldete Abhandenkommen des Papiers, denn es liegt ja an dem Papier selbst — vor seiner Einlösung — ein verus usus fructus vor. Ist der Moment der Fälligkeit der Forderung durch die Ausloosung herangekommen, so muss er auch die Forderung einziehen; liesse er etwa durch seine Schuld das Forderungsrecht verjähren, so träfe ihn die Verantwortung [3]). Er wird also vor Allem gehalten sein, die Ziehungslisten zur Zeit einzusehen oder etwa einem Banquier einen diesbezüglichen Auftrag zu ertheilen. — Sollte etwa der Emittent in Concurs gerathen, so liegt dem Niessbraucher die Verpflichtung ob, den nach der oben angeführten Methode

1) vgl. Motive Bd. III. S. 518 f.
2) Entw. § 1005; A.L.R. I. 21. § 20.
3) Stammler S. 157 ff.; Mansbach S. 79 ff.; Hanausek S. 105 ff.; Bürkel S. 66 ff.

zu berechnenden Erwartungswerth des Papiers als Concursforderung anzumelden.

Es wäre vielleicht die Frage aufzuwerfen, ob der Niessbraucher etwa verpflichtet ist, Versicherung für den Fall zu nehmen, dass das Loos zu einem den Courswerth nicht erreichenden Betrage ausgeloost wird [1]). Wann im Allgemeinen der Niessbraucher in Folge seiner Verpflichtung, in Ansehung der Niessbrauchssache als bonus paterfamilias zu handeln, zu einer Versicherung des Niessbrauchsobjects gezwungen ist, ist quaestio facti. Es wird darauf ankommen, ob sich der betreffende Versicherungszweig so ausgebreitet hat, dass die Versicherungsnahme gang und gäbe ist und ein umsichtiger Mann dieselbe nicht leicht verabsäumen wird [2]). Die Versicherung gegen Coursverlust durch Ausloosung ist aber ein verhältnissmässig noch neuer Zweig des Versicherungswesens und bisher wohl nicht so in Aufnahme gekommen, dass man eine solche Versicherung als Regelfall betrachten kann. Der Niessbraucher wird also in dubio nicht zur Versicherung gegen Coursverlust zu schreiten brauchen.

Kommt dem Niessbraucher das Papier — sei es auch ohne sein Verschulden — abhanden, so wird er gleichwohl dem Regress des Eigenthümers ausgesetzt sein, falls er nicht alle erforderlichen Massnahmen traf, um einen Verlust abzuwenden, wozu vor Allem die Einleitung des Mortificationsverfahrens gehören wird [3]).

---

1) s. den Aufsatz von Alexander-Katz in Z. f. H.R. Bd. 28. S. 552 ff.: „Ueber die Versicherung von Werthpapieren gegen die Nachtheile der Ausloosung"; vgl. auch Saling I. S. 220.

2) Bezüglich der Versicherungspflicht des Niessbrauchers eines Gebäudes gegen Feuersgefahr s. einerseits Seufferts Arch. Bd. 15. N. 106 (Erk. d. O.A.G. Lübeck v. 31. 3. 1849), andererseits Dernburg Pand. I. S. 592. N. 24; derselbe, Preuss. Privatr. Bd. I. S. 721. N. 7; vgl. auch Entw. § 1001 u. Motive Bd. III. S. 513 f.

3) s. Buchère p. 360; Folleville p. 471.

Dem Niessbraucher sind ferner die laufenden Verwaltungsausgaben aufzuerlegen. Dazu gehören z. B. die Kosten für die Beschaffung neuer Zinsscheine bei den verzinslichen Prämienpapieren, die an den Banquier zu zahlende Vergütung dafür, dass dieser die Ziehungslisten controlirt u. s. w. Ausserordentliche Ausgaben fallen dem Proprietar zur Last, so z. B. die Kosten eines eventuell erforderlichen Amortisationsverfahrens.

Dass der Niessbraucher die Gewinnabzüge zu tragen habe, die bei manchen Prämienpapieren, so besonders bei den österreichischen, von der Prämie gemacht werden, wird man nicht sagen können; diese Abzüge stellen eine Einbusse am Capitalbetrage dar, die der Eigenthümer zu erleiden hat; der Gewinn ist eben thatsächlich ein niedrigerer, als er nominell lautet; der Niessbraucher hat finito usufructu nur das zu restituiren, was er wirklich auf das gezogene Loos hin erhalten hat.

§ 8.

Bezüglich der rechtlichen Stellung des Eigenthümers des Prämienpapiers sowie des Emittenten desselben ergeben sich wenig Besonderheiten. Ein Ausfluss des dem Proprietar zustehenden Rechtes, in jeder Weise über die Sache zu verfügen unbeschadet des Niessbrauchsrechts, ist die Befugniss, Veranstaltungen zu treffen, welche die Umlaufsfähigkeit des Prämienpapiers als eines Inhaberpapiers beschränken[1]). Der Eigenthümer kann es also in ein Namenpapier umwandeln lassen, wird aber dem Niessbraucher, der ja das Einlösungsrecht der Forderung nach der stattgehabten Ausloosung hat, eine Legitimation geben müssen, die ihn dem Emittenten gegenüber berechtigt, die Zahlung

---

1) vgl. Hanausek S. 140.

zu erheben, obwohl er nicht der namentlich Benannte ist¹).

Ferner wird der Eigenthümer sog. Heuer- oder Promessengeschäfte²) — soweit diese nicht landesgesetzlichen Bestimmungen zuwider laufen — abschliessen, d. h. gegen Zahlung einer Prämie einem Dritten die Gewinnchance des Prämienlooses abtreten können. Da er selbst aber erst finito usufructu in den Besitz des Gewinns kommt³), so kann er sich dem „Heuerer" bei Abschluss des Geschäfts zur Zahlung des möglichen Gewinnes erst nach Endigung des Niessbrauchs verpflichten, es sei denn, dass er inzwischen aus seinem Vermögen seine Verbindlichkeit decken will. Dies wäre ein Fall des sogenannten „unreellen Promessengeschäfts" und nicht anders zu behandeln, wie die Verheuerung eines dem Verheuerer gar nicht gehörigen Looses. Auf die Frage über die Gültigkeit eines solchen Geschäfts ist in dieser Arbeit nicht einzugehen.

In Betreff der rechtlichen Stellung des Schuldners gegenüber dem die fällige Forderung einziehenden Niessbraucher gelten die diesbezüglichen Regeln des Forderungsniessbrauchs. Controvers ist hierbei besonders die Frage, ob der Schuldner dem Niessbraucher eine exceptio entgegenstellen kann, wenn der Letztere noch keine Caution geleistet hat oder ob dies eine unzulässige exceptio ex iure tertii wäre⁴). Für den vorliegenden Fall ist die Entscheidung dieses Punktes zu

---

1) Die Umwandlung in ein Namenpapier schreibt das italienische Gesetzbuch als Surrogat der Cautionsleistung vor, falls der Niessbraucher keine andere Caution beschaffen kann. Vgl. Galluppi p. 182, i.

2) Goldschmidt, Grundriss S. 171 f.; Cohn S. 98 ff.; Bender S. 451 ff.; Thöl I. S. 1025 ff.; Saling S. 272 f.

3) wenigstens nach der hier vertretenen Ansicht.

4) Dernburg Pand. I S. 590 N. 11; Hanausek S. 99 ff.; Mansbach S. 75; Dunker im Archiv f. prakt. R.-Wissenschaft. Bd. 6 S. 116; dag. Windscheid I S. 701 N. 7; Stammler S. 165 ff.

entbehren; der Emittent muss auf jeden Fall dem Niesssbraucher als Inhaber und Präsentanten zahlen; desgleichen darf er dem Niessbraucher keine Einreden, die ihm gegen den Proprietar persönlich zustehen, entgegenhalten, kann aber andererseits dem Niessbraucher gegenüber Einwendungen aus dessen Person machen, die er nicht gegen den Proprietar gehabt hätte; alles dies ergiebt sich aus dem Charakter des Prämienpapieres als eines Inhaberpapieres.

§ 9.

Wie die Entstehungsgründe des Niessbrauchs an einem Prämienpapier die gleichen sind, wie bei der Entstehung eines Niessbrauchs überhaupt, so sind dies auch die Endigungsgründe.

Zu unterscheiden ist indess in Ansehung der Endigungsgründe die Periode des Niessbrauchs am Prämienpapier vor der Einlösung und nach der Einlösung. Im ersten Fall beendigen den Niessbrauch alle die Umstände, die den Niessbrauch an einer Sache aufhören lassen; auch eine Endigung durch non usus ist für den Fall denkbar, dass der Niessbraucher das Papier nicht in seine Verwahrung genommen hat. Da nach erfolgter Ausloosung an der eingelösten Summe Quasiniessbrauch entsteht, so erlischt alsdann der Niessbrauch auch nur noch in Folge derjenigen Umstände, die dem Quasiususfruct ein Ziel setzen; von einem Erlöschen durch non usus kann also jetzt nicht mehr die Rede sein [1]).

Wie schon des Oefteren hervorgehoben ist, hat

---

1) Ueber die Endigungsgründe des Niessbrauchs und die diesbezüglichen Controversen s. das Nähere bei Dernburg Pand. L S. 608 ff.; Windscheid S. 789 ff.; Glück Bd. 9 S. 313 ff.; Hanausek S. 25 f. u. 114.

also der Niessbraucher, wenn der Niessbrauch durch irgend einen Aufhebungsgrund sein Ende erreicht hat, entweder das Loospapier in specie oder nach der Ausloosung die eingenommene Summe zu restituiren. Damit nun im ersten Fall die Identität des hingegebenen Papiers leicht festgestellt werden kann, ist es rathsam, bei Beginn des Niessbrauchs ein Nummernverzeichniss anzufertigen. Aus den Quellen ist nicht ersichtlich, ob in Rom ein Inventar erforderlich war, deshalb herrscht für das gemeine Recht diesbezüglich Streit[1]. A. L. R. I. 21 §§ 113, 114 trifft die Bestimmung, dass Proprietar wie Usufructuar die Anfertigung eines Inventars verlangen könne, dessen Kosten in dubio gemeinschaftlich zu tragen sind. Nach dem Code civil art. 600 ist das Genussrecht des Niessbrauchers abhängig gemacht von der vorherigen Anfertigung eines Inventars seitens desselben. Mit Bezug hierauf verlangen denn auch Buchère und Folleville[2]), dass der Niessbraucher eines Inhaberpapiers ein Nummernverzeichniss anfertige.

Ist der Cours des Papiers seit der Constituirung des Niessbrauchs gesunken, so hat der Usufructuar gleichwohl nur das Papier zu restituiren und nicht etwa ausserdem noch die Coursdifferenz[3]) zu ersetzen, da er ja nicht für eine Verschlechterung der Sache, die ohne sein Zuthun entsteht, einzutreten hat.

Es erübrigt noch zu untersuchen, welche Rechte der Niessbraucher eines (zinstragenden) Prämienpapiers an den Zinsen der laufenden Zinsperiode hat, innerhalb welcher sein Recht endet, und im Zusammenhang damit, was ihm von den Zinsen derjenigen Periode gebührt, während welcher der Niessbrauch seinen Anfang

---

1) s. Erk. d. O. A. G. Celle bei Seuffert Bd. 9 Nr. 137 einerseits; Erk. d. O. A. G. München bei Seuffert Bd. 13 Nr. 105 andererseits.
2) Buchère p. 359; Folleville p. 473.
3) Buchère p. 174; Folleville p. 474.

nimmt. Es herrscht im gemeinen Recht Streit, wie sich das Verhältniss zwischen Niessbraucher und Proprietar im Fall des Beginns oder der Beendigung des Niessbrauchs innerhalb einer Fruchtperiode gestaltet[1][2]. Wir brauchen auf die verschiedenen Ansichten und Modificationen, ihre Berechtigung oder Widerlegung nicht näher einzugehen; denn mag man auch in Ansehung der gezogenen fructus civiles im Allgemeinen im Zweifel sein, ob oder in welchen Fällen dieselben pro rata temporis zu vertheilen sind, in unserem Fall, wo es sich um den Niessbrauch an einem Börsenpapier handelt, muss sicherlich eine solche Theilung eintreten; es folgt dies aus den Usancen des Börsenverkehrs. Kauft z. B. Jemand ein Papier, dessen Coupons am 1. Januar und 1. Juli fällig werden, am 1. April, so werden ihm vom Verkäufer die seit dem 1. Januar aufgelaufenen Zinsen gleichfalls in Rechnung gestellt, wofür dann der Käufer den betreffenden Coupon bei seiner Fälligkeit am 1. Juli ganz für sich einziehen kann.

---

[1] Glück Bd. 9 S. 336 ff.; Wächter, Erörterungen etc. Bd. I S. 73 ff.; Dernburg Pand. I S. 586 u. N. 11; Windscheid I S 697 N. 9; Arndts S. 332; Förster-Eccius III S. 357 N. 124; Hanausek S. 118 ff.; Stammler S. 142 ff.

[2] Für das preussische Recht folgt aus A. L. R. I. 21. § 143 im Zusammenhang mit I. 7. § 192, dass die juristischen Früchte pro rata temporis zu theilen sind. Vgl. Dernburg, Privatr. I S. 726 N. 16 u. S. 728 N. 2 (ausserdem bestimmt A. L. R. I. 21 § 170. 171, dass dem Niessbraucher die Früchte zustehen sollen, die bis zum Schluss des laufenden Quartals — das Jahr vom 1. Juni an gerechnet — erfallen). Am klarsten spricht sich der Code civil, art. 586 für die Theilung pro rata temporis aus: „Les fruits civils sont réputés s'acquérir *jour par jour*, et appartiennent à l'usufruitier à proportion de la durée de son usufruit". Mit Bezug hierauf schreibt denn auch Folleville p. 465 dem Niessbraucher eines Inhaberpapiers diejenigen Zinsen und Dividenden zu, die, Tag für Tag gerechnet, während der Dauer seines Niessbrauchs fällig werden. Vgl. auch Galluppi p. 182.

Ja, sogar bei Actien, von denen man doch in Mitten des Rechnungsjahres gar nicht weiss, welche Dividende am Schlusse desselben gezahlt werden wird, wird eine bestimmte Zinsrate, in der Regel 4—5 %, vom Verkäufer für die Zeit des laufenden Jahres, während welcher er im Besitz des Papiers war, erhoben[1]). Im Hinblick auf diese Usance beim Verkauf eines Börsenpapiers wird man wohl auch bei einem bestellten Niessbrauch in dubio annehmen müssen, dass die Parteien eine Theilung der Zinsen pro rata temporis beabsichtigen.

Endlich ist noch eine Frage aufzuwerfen, die auf den ersten Blick sich den soeben entwickelten Principien unterzuordnen scheint, die indess dennoch einer anderen Behandlung zu unterwerfen ist. Auf S. 7 ist solcher Prämienpapiere Erwähnung gethan, die zwar verzinslich sind, deren Zinsen aber erst bei eintretender Ausloosung des Papiers neben dem niedrigsten Einlösungsbetrage und der eventuellen Prämie ausgezahlt werden, zu einem also vorerst noch ungewissen Zeitpunkt. Soll man sagen, dass auch bei diesen Papieren die Zinsen pro rata temporis zwischen Nutzniesser und Eigenthümer zu theilen sind? Dies ist wohl nicht angängig. Einmal spricht dagegen die praktische Undurchführbarkeit einer solchen Theilung. Man denke z. B., das Papier wird etwa 50 Jahre nach Endigung des Niessbrauchs ausgeloost. Soll alsdann, nach 50 Jahren, der Niessbraucher oder dessen Erben von dem Eigenthümer, der inzwischen das Loos längst veräussert haben kann, die auf die Zeit seines früheren Niessbrauchs entfallende Zinsrate einfordern! Andererseits kann man dem Eigenthümer auch nicht zumuthen, dass er bei der Endigung des Niessbrauchs dem Usufructuar aus seiner Tasche die Zinsen für dessen Nutzungsperiode zahlt; denn er würde auf diese Weise ja die

---

[1]) s. Saling. S. 17.

Zinsen dieser ausgelegten Summe bis zum Zeitpunkt der Ausloosung verlieren und kann diesen Verlust auch nicht etwa dadurch vermeiden, dass er den Betrag der Zinsen auf ihren augenblicklichen Werth discontirt, da doch der Zeitpunkt der Ausloosung ein ungewisser ist.

Sodann ist aber auch das materielle Verhältniss ein anderes, als bei den gewöhnlichen verzinslichen Loosen. Die Zinsen sind hier keine regelmässige Frucht, sondern ihre Fälligkeit ist, wie die Prämie, abhängig von einer alea. Das Papier verbrieft allerdings ein Recht auf Zinsenbezug, macht dies Recht aber abhängig von einer Ausloosung, deren Zeitpunkt ungewiss ist. Der Niessbraucher kann nicht mehr Rechte verlangen, als das Papier selbst gewährt. Fällt die Ausloosung also erst nach der Beendigung seiner Niessbrauchsperiode, so hatte er von dem Niessbrauch an diesem nominell verzinslichen Loose ebensowenig einen Vortheil, als wenn es ein unverzinsliches Loos gewesen wäre. — Die aufgelaufenen Zinsen werden sich zwar wahrscheinlich im Course des Papiers ausdrücken; da aber der Niessbraucher das Loos in specie zu restituiren hat, so kann er den Ueberschuss des Courswerthes über den Nominalwerth so wenig lucriren, als er für den Fall, dass das Loos im Course gesunken ist, für diese Differenz aufzukommen hat[1]).

Wie stellt sich nun aber das Verhältniss, wenn das Loos durante usufructu gezogen wird? Soll man in diesem Fall dem Niessbraucher alle jetzt fälligen Zinsraten zusprechen, auch diejenigen, die einer Zeit entsprechen, zu welcher er noch gar nicht Niessbraucher war? Man möchte dies vielleicht als der vorhergehenden Auseinandersetzung entsprechend annehmen; aber das Verhältniss liegt doch hier anders. Als der

---

1) s. oben S. 49.

Eigenthümer den Niessbrauch bestellte, waren für ihn schon verschiedene Zinsraten erfallen, die allerdings erst später zu beheben waren. Tritt nun dieser spätere Zeitpunkt ein, so müssen ihm die Zinsen ohne Weiteres voll und ganz zufallen; diese Zinsen waren ein Vermögensbestandtheil, der ihm unter einer Befristung gehörte. Die übrigen Zinsen dagegen, die der Nutzungsperiode des Usufructuars entsprechen, zieht dieser für sich zu Eigenthum ein, denn es sind wahre Zinsen, die unterscheidbar vom gleichzeitig zurückgezahlten Capitalbetrage gewährt werden, und sie sind nicht zu verwechseln mit der bei den unverzinslichen Loosen häufig im niedrigsten Einlösungsbetrage ununterscheidbar steckenden Vergütung für entbehrten Zinsgenuss, an welcher der Niessbraucher nur den Niessbrauch, wie an dem eingezogenen Nominalwerth, erhält[1]).

Praktisch dürfte der im letzten Theil dieses Paragraphen erörterte Fall allerdings selten werden; denn es existiren zur Zeit keine in Deutschland kursfähigen, verzinslichen Loose, bei denen die Modalität, dass die Zinsen erst bei der Ausloosung des Papiers gezahlt werden, vorliegt. Denkbar wäre es jedoch immerhin, dass solche Loose, z. B. die 5% Congo-100 frs. Loose zwar im Ausland erworben sind, aber im Inlande Gegenstand eines Niessbrauchsrechts werden.

---

1) s. oben S. 32.